U0508553

开讲啦
甘博文物小课堂

卢冬　徐睿　主编

KAIJIANGLA

GANBO WENWU

XIAO KE TANG

敦煌文艺出版社

图书在版编目（ＣＩＰ）数据

开讲啦：甘博文物小课堂 / 卢冬，徐睿主编. —
兰州：敦煌文艺出版社，2021.12
ISBN 978-7-5468-2123-8

Ⅰ．①开… Ⅱ．①卢… ②徐… Ⅲ．①中华文化-青
少年读物 Ⅳ．①K203-49

中国版本图书馆CIP数据核字（2021）第255936号

开讲啦：甘博文物小课堂

卢冬　徐睿　主编

责任编辑：田　园
装帧设计：孟孜铭

敦煌文艺出版社出版、发行

地址：（730030）兰州市城关区读者大道568号

邮箱：dunhuangwenyi1958@163.com

0931-8121700（编辑部）

0931-8773112（发行部）

天津旭丰源印刷有限公司印刷

开本　787毫米×1092毫米　1/16　印张　10　插页　1　字数　290千

2022年3月第1版　2022年3月第1次印刷

印数　1～5000册

ISBN 978-7-5468-2123-8
定价: 88.00元

如发现印装质量问题，影响阅读，请与印刷厂联系调换。
本书所有内容经作者同意授权，并许可使用。
未经同意，不得以任何形式复制转载。

《开讲啦——甘博文物小课堂》编委会

策　　划：卢　冬　徐　睿

主　　编：卢　冬　徐　睿

课程设计：刘　婷　王　岚　赵　薇　张丽娜　王彬洁
　　　　　徐子钦　陈欣媛　赵兴浩　党雄伟　王雪麟
　　　　　崔寅丽　杨　迪　徐　静　陶怡宇　卢　煜
　　　　　范　馨

审　　稿：卢　冬　李永平　王　勇　茹　实　刘志华

校　　对：张丽娜　徐铭泽

图片提供：高翁生

习近平总书记指出：中华民族历史悠久、中华文明源远流长、中华文化博大精深。一个博物馆就是一所大学校，要把凝结着中华民族传统文化的文物保护好、管理好。同时，加强研究和利用，让历史说话，让文物说话，在传承祖先的成就和光荣、增强民族自尊和自信的同时，谨记历史的挫折和教训，以少走弯路、更好前进。

甘肃省博物馆是一座综合性的地志博物馆，到2021年，已有82年历史。甘肃拥有丰厚的文化底蕴，陇原大地留下大量珍贵的文化遗存，以此为基础，甘肃省博物馆馆藏资源得天独厚，收藏有各类历史文物、自然标本8万余件（组）。

甘肃省博物馆馆藏文物特色鲜明，尤以彩陶、汉代简牍、汉唐丝绸之路珍品、佛教艺术、古生物化石和近现代革命史料等独具特色。目前，向社会推出的展览有《甘肃丝绸之路文明》《甘肃彩陶》《甘肃古生物化石》《庄严妙相——甘肃佛教艺术展》《红色甘肃——走向1949》五个基本陈列。2020年，教育部、国家文物局联合印发《关于利用博物馆资源开展中小学教育教学的意见》，对中小学利用博物馆资源开展教育教学提出明确指导意见，要求进一步健全博物馆与中小学校合作机制，促进博物馆资源融入教育体系，提升中小学生利用博物馆学习的效率。

为贯彻执行习近平总书记的指示精神，充分发挥博物馆作为第二课堂的作用，甘肃省博物馆组织从事社会教育工作的一线讲解员，精心设计博物馆教育内容，推动博物馆教育资源开发应用，开展参与面广、实践性强的展示教育活动。我们推出的博物馆系列活动课程，结合中小学生认知规律和学校教育教学需要，充分挖掘博物馆资源，开发历史类、自然类、科技类、环保类、传统文化类、红色故事类等系列课程。这本书的编撰，就是将近年来甘肃省博物馆与学校合作的实践课程进行梳理成册，作为在博物馆社会教育领域进行探索的总结和成果。

我们的目的是：通过这样的方式，对中小学生进行爱国主义、英雄主义、革命传统教育，让他们树立正确的人生观、价值观、世界观。弘扬中华民族优秀文化、红色革命文化、中国特色社会主义文化，培养德智体美劳全面发展的中国特色社会主义事业的合格接班人。

编　者

2021年10月13日

目录 CONTENTS

温故而知新

中华文明大讲堂

丝绸之路 跟我走

SICHOUZHILU

GENWOZOU

丝绸之路

崔寅丽

课程目标:

1. 通过本课了解丝绸之路名称的起源及其路线图。

2. 了解世界上最早的"万国博览会"。

3. 掌握丝绸之路在世界史上的重要性。

教学重点:

激发学生向往古代文明、热爱祖国、热爱家乡的情感；深刻感受丝绸之路对东西方文化交流的贡献。

有一条路，东起中国的汉唐古都长安（今陕西西安），向西经甘肃河西走廊到达新疆，继续西行，经中亚、西亚，最终抵达欧洲。这条路，承载了无数的骆驼和商旅；这条路，传播了东方的古老文化；这条路，传承了东西方的友谊与文明。今天，让我们一起穿越时空的阻隔，一起走进丝绸之路。

丝绸之路的得名

1877年，德国地理学家李希霍芬（Richthofen, Ferdinand von, 1833年—1905年）在他的《中国》一书中，把从公元前114年到公元127年间，中国与中亚的阿姆河与锡尔河之间的地带，以及中国与印度之间以丝绸贸易为媒介的交通路线称作"The Silk Road"，翻译成中文就是"丝绸之路"，这就是丝绸之路得名的由来。后来这一概念的所指范围逐渐扩大，如今的"丝绸之路"已经成为东西方之间经济、文化交流的代名词，凡是能够沟通古代中国与其他国家的交通路线，都被纳入"丝绸之路"的范畴，如"草原丝绸之路""海上丝绸之路""唐蕃古道""茶马古道"等。

丝绸之路是一条怎么样的路？请在课文中找一句合适的话来说明。

世界上最早的"万国博览会"

隋大业五年（609年）隋炀帝巡狩河西，在张掖焉支山下召见西域30余国使臣，举办了为期7天的贸易盛会。这种形式实际上已经具备了"万国博览会"的雏形，比英国举办的第一届世博会（1851年）要早1240多年，是名副其实的世界上最早的"万国博览会"。2010年在上海举办的第41届世博会上，甘肃馆展出的"焉支盛会——隋朝张掖万国博览会"壁画描述了这一盛况。

隋炀帝的此次西巡，彻底解除了魏晋以来中原与西域的阻隔，进一步促进了丝绸之路贸易的繁荣，密切了各族人民的交往与交流。同时，对稳定当时西北边疆，促进国家统一、民族融合与社会发展意义重大。

"焉支盛会——隋朝张掖万国博览会"壁画

● 这是一条运送货物、繁忙而伟大的路，这是一条促进商品流通、文化交流的路。从那以后，一队队骆驼商队在这漫长的商贸大道上行进……

——这是一条商品流通，文化交流的路

● 没想到，一条道路将远隔千里的我们联系在了一起，这真是一条伟大的路呀！

——这是一条伟大的路

● 商人们在这个东方大都市开了眼界，正满载货物返回故乡。

——这是一条运送货物的路

西安丝绸之路群雕（局部）

● 望着浮雕，就仿佛看到了当年丝绸之路上商旅不绝的景象，仿佛听到了飘忽在大漠中的悠悠驼铃声……

——这是一条繁忙的路

说一说丝绸之路上有哪些场景呢？在你眼中这是一条怎样的路？

_____

_____

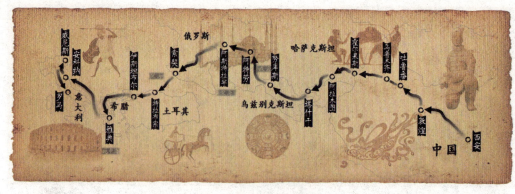

陆上丝绸之路路线图

中国使者——张骞

张骞（前164年—前114年）汉中郡城固县（今陕西城固县）人。西汉时期著名的探险家、外交家。他曾两次出使西域，一次出使云南，两次随军出征匈奴，汉武帝以军功封其为博望侯。张骞两次出使西域，加强了中原与西域各民族的联系，促进了经济、文化的交流和发展，为丝绸之路的正式开通及繁荣做出了重要贡献。从那以后，一队队骆驼商队在这漫长的商贸大道上行进。他们越过崇山峻岭，将中国的丝绸、茶叶、瓷器、药材等商品带到中亚、西亚和欧洲，养蚕、缫丝、造纸等技术也随之西渐。相应地，葡萄、核桃、石榴、蚕豆、黄瓜、芝麻、无花果等食品，以及狮子、犀牛、良马等动物，也随着丝绸之路贸易传进了中国。中国的音乐、舞蹈、绘画、雕刻等，也正是由于吸收了外来文化的长处而变得更加丰富多彩。

张骞雕像

送元二①使②安西③

[唐] 王维

渭城④朝雨⑤浥⑥轻尘，客舍⑦青青柳色新。

劝君更尽一杯酒，西出阳关⑧无故人。

注释：

①元二：姓元，排行第二，作者的朋友。②使：出使。③安西：指唐代安西都护府。在今新疆维吾尔自治区南部。④渭城：秦时咸阳城，汉改称渭城，在长安西北，渭水北岸。⑤朝雨：早晨下的雨。⑥浥（yì）：湿润，沾湿。⑦客舍：旅店。⑧阳关：在今甘肃省敦煌市西南，是古代通西域的要道。

凉州词①

[唐] 王之涣

黄河远上②白云间，一片孤城③万仞④山。

羌笛⑤何须怨杨柳⑥，春风不度⑦玉门关。

注释：

①凉州词：又称《凉州曲》，是盛唐时流行的一种曲调名，本诗为此曲配的唱词。②黄河远上：远望黄河的源头。③孤城：指孤零零的戍边城堡。④仞：古代的长度单位，一仞相当于七八尺。⑤羌笛：羌族的一种乐器。⑥杨柳：指一种叫《折杨柳》的歌曲。唐朝有折柳赠别的风俗。⑦度：越过。

甘肃自古以来就是丝绸之路的黄金要道，有"使者相望于道，商旅不绝于途"的盛世场景。

2013年，习近平总书记提出关于建设"新丝绸之路经济带"和"21世纪海上丝绸之路"的倡议构想。2016年，以"推动文化交流，共谋合作发展"为主题的丝绸之路（敦煌）国际文化博览会在甘肃敦煌盛大升幕，大大促进了沿线国家互鉴共进。

蔬菜篇

黄瓜：

又叫胡瓜，原产自东印度的西北部，西汉时张骞出使西域归来时带入中国。初称"胡瓜"，十六国时期，后赵王朝的建立者石勒将其更名为"黄瓜"。

蚕豆：

又名胡豆、寒豆、罗汉豆等。原产自亚洲西南部到非洲北部一带，张骞出使西域时引入中国。

胡椒：

野生胡椒发源于印度西南部，伴随着汉朝通西域，这种气味独特的香料来到中国。

苜蓿：

俗称"三叶草""金花菜"。原产自西域，汉代时传入中原地区。

香菜（芫荽yán sui）：

一般认为芫荽从欧洲西南部的地中海边起源。也有人认为埃及人在公元前5000年就开始食用芫荽了。张骞通西域后，香菜来到中国。

胡萝卜：原产于亚洲的西南部，从伊朗引入中原。

菠菜：原产于波斯，2000年前已有栽培。唐代时传到中原。

茄子：原产于东南亚和印度，约在晋代时传入，隋炀帝钦命为"昆仑紫瓜"。

洋葱：起源于伊朗、阿富汗的高原地区，公元前1000年传到埃及，后传到地中海地区，20世纪初传入中原。

蒜：原产于中亚，早在古埃及时期学者普利尼就知道用大蒜可治61种疾病，张骞出使西域时带回中国。

番茄：原产于秘鲁。18世纪开始作为蔬菜在南欧种植。明朝时传入中原，一直作为观赏性植物，清末才开始食用。

玉米：原产于中美洲和南美洲，是印加人、玛雅人和阿兹特克人的主要食物，西班牙殖民者带回欧洲后于16世纪传入中原。

随着丝绸之路的开通，张骞将很多食物从西域带回中原，让我们一起来了解一下都有些什么吧！

❧ 水果篇 ❧

葡萄：

葡萄是世界上最古老的果树树种之一，原产自亚洲西部，世界各地均有栽培。

公元前119年张骞奉命第二次出使西域，并派使者抵达大宛等国，后从大宛引入葡萄。

石榴：

石榴原产自波斯（今伊朗）一带，公元前2世纪时
传入中国。

公元前119年，张骞出使西域，来到安石国。当
时，安石国正值大旱，庄稼枯黄，连御花园中的石
榴树也奄奄一息。于是，张骞便把汉朝兴修水利的
经验告诉他们，救活了一批庄稼，也救活了这棵石榴树。

张骞回国时，安石国王送给他许多金银珠宝，他都没要，只收下了一些石榴
种子，作为纪念品带了回来。当时先在帝都长安上林苑种植了十株，结果在三千
花卉中，唯石榴这一簇开得格外特别，深受汉武帝的喜爱。

芒果：

印度人最先发现这种树，距今已有4000多年的历史。后来，由唐朝高僧玄奘
法师引进。

哈密瓜：

哈密瓜原产于新疆。清朝康熙年间，鄯善王把鄯善东湖甜瓜送给哈密王，
哈密王又将瓜送给康熙。康熙问叫什么，侍从说是哈密王送来的，不知叫什么名
称。康熙便将其名为"哈密瓜"，流传至今。

菠萝：

菠萝起源于今巴西中部巴西利亚一带，由印第安人驯化和栽培。哥伦布将其
引进到欧洲，16世纪伊始至中叶，西欧人把菠萝及其栽培方式传入非洲、欧洲和亚
洲。17世纪伊始，葡萄牙人把菠萝种植技术传到澳门后，菠萝由此传入广东，又从
广东传入福建、台湾、海南等地。

草莓：

草莓原产自美洲，1627年前后在法国进行培育繁殖。1915年从俄罗斯传入中
国。

甜樱桃：

又称大樱桃、西洋樱桃，比中国樱桃大很多。原产自亚洲西部和欧洲东南
部。18世纪初叶自欧洲传入美国，19世纪70年代传入中国。

乐器篇

琵琶：自西域传入，起先叫"批把"，可能是音译，也可能是因为它弹奏起来噼啪作响。

胡琴：千年前自中亚胡域传入，也叫二胡、奚琴。

箜篌：由波斯(今伊朗)经西域传入中原，又称竖头箜篌、胡箜篌，现简称箜篌。

唢呐：原本流传于波斯、阿拉伯一带，金元时传入中国。

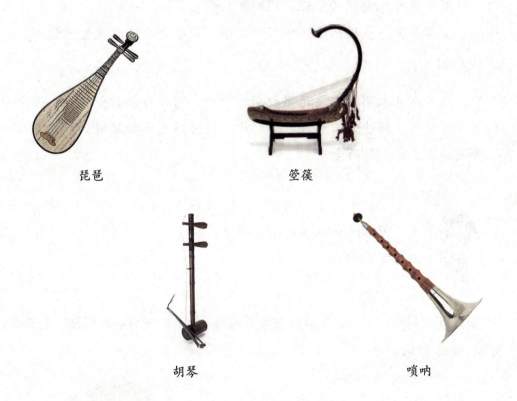

琵琶　　　　　　　　　　箜篌

胡琴　　　　　　　　　　唢呐

课堂小结 »

　　丝绸之路犹如一条彩带，将古代亚洲、欧洲、非洲的古文明联系在了一起，促进了东西方文明的交流。丝绸之路既是"友谊之路""经济（科技）之路"，也是"文化之路"。

"纸"有历史

张丽娜

课程目标:

1. 了解纸的发展过程。
2. 重点介绍造纸的步骤,了解纸的形成。
3. 普及并树立现实生活中节约用纸、垃圾分类从我做起的观念。

教学重点:

通过对古人不同书写记事材料的介绍,对比分析其优缺点,并进一步让学生了解造纸工序,古今对比,激发学生爱护环境,树立节约用纸要从自身做起的意识。

在纸张发明之前,古代人都用什么书写材料来记录文字呢?

在纸出现以前,书写记事材料主要有陶器、石头、甲骨、青铜器、羊皮卷、绢帛、简牍等等。

陶器

甲骨

早在距今近8000年的大地湾文化时期，就出现了在陶器上彩绘一些符号来表达某种含义的现象，这被认为是中国文字的起源。

3000多年前的商代，人们把文字刻写在龟甲或兽骨上，用于记录重要的事，这就是举世闻名的甲骨文。仔细观察会发现，这些文字是用锋利的小刀一笔一画刻上去的。

后来，人们开始使用一种新的书写材料代替甲骨记录文字，即竹简和木简。将竹片或木板加工制成适合书写的材料，再用绳子串联起来。这种用绳子串联起来的竹片或

青铜器

木板又被称为简牍。和甲骨相比，简牍书写简单，取材方便，但简牍太重，且容易腐烂，保存和携带都不方便。而其他材料也都不适宜书写，如陶器制作过程烦琐；树叶易碎；石头面积有限，且搬运困难；青铜器材料昂贵，书写工艺烦琐，不便修改；绢帛造价昂贵，容易腐烂，且不易保存。

羊皮卷

简牍

绢帛

随着社会文明和经济的发展，如何才能使用上轻巧方便又廉价的书写材料呢？在2000多年前的汉代，造纸术应运而生。造纸术诞生于西汉。当时人们通过长期实践，发明了利用废旧麻料制成的原始型植物纤维纸。目前所知，中国历史上最早的纸是1986年在甘肃天水放马滩出土的西汉文帝时期的纸质地图，纸上用墨线绘有

山、川、崖、路，这也是世界上最早的纸绘地图。1990年，在甘肃敦煌悬泉置遗址出土了西汉晚期的纸张400余件，充分说明当时纸张生产数量大，并已经作为书写材料在西北边境广泛使用。

放马滩纸　西汉
甘肃简牍博物馆藏

悬泉墨书纸　西晋
甘肃省文物考古研究所藏

甘肃金塔县出土的西汉肩水金关纸，以苎麻成分为主，用废旧的麻絮、绳头等原料制成。但那时的纸张制作工艺还比较简单，仅是一些苎麻草浆经过浸泡、风干、压缩制成的，这就是我们所知道的草浆纸。

东汉时期，蔡伦改进了造纸技术，在原料中增加了树皮和旧渔网，不但提高了纸张质量，还扩大了造纸原料的来源，降低了造纸成本，开辟了木浆纸的先河，制造出了质量较好的植物纤维纸，人称"蔡侯纸"。

肩水金关纸　西汉　甘肃省博物馆藏

蔡伦——改良造纸术

蔡伦（61年—121年）字敬仲，东汉桂阳郡（今湖南省南部）人。他对原有的造纸技术进行了改进，用树皮、渔网和竹子的纤维压制成纸，对推进后世中国乃至世界文明的进步做出了巨大贡献。正因如此，蔡伦所改进的造纸术被列入中国古代四大发明之一。

造纸术工序图

根据文献记载，蔡伦造纸共有五个工序：

第一步：把原材料切碎。

第二步：把原料浸泡在石灰水中，使其发生化学反应，并将非植物纤维分离出来。

第三步：进一步蒸煮原料，分离非植物纤维。

第四步：用特殊工具舂捣蒸煮后的原料，使之成为纸浆，即植物纤维和水的混合液。

第五步：用专用的纸帘过滤纸浆，让植物纤维留在纸帘上，待晾干后轻轻一揭，即可成纸。

我们聪明的先祖可不不仅仅满足于此。他们发现在纸上写字时，墨水很快洇染开来，造成字迹模糊，甚至不能书写。经过不断地摸索实践，人们发现在纸上涂刷淀粉糊可以使纸的结构更加紧密，表面更加光滑，纸张的硬度、可塑性、耐水性都好了很多。

施胶纸　后秦

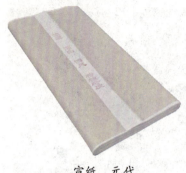

宣纸 元代

这些淀粉糊可以填满纸张纤维之间的缝隙，帮助木浆纸真正成为可以书写、绘画的施胶纸。于是大量的书籍出现了，更适合绘画的宣纸也出现了。

纸张的染色技术最早出现于汉代。唐代的硬黄纸则结合了染色、涂蜡两种技术。先用黄柏木的树皮把纸染成黄色，之后涂黄蜡。纸张会变得厚重坚硬，而表面则光滑透亮，焕然一新。因为黄色不刺眼，可以保护视力，而且纸张中加入的黄汁和蜡能防蛀抗水，保护书籍，很多佛经或重要文书都被抄写在硬黄纸上。下面这件就是甘肃省博物馆所藏的一件硬黄纸《大般涅槃经》。

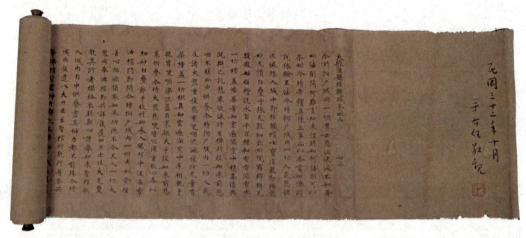

《大般涅槃经》 唐 甘肃省博物馆藏

交子 北宋

中国不仅是世界上最早出现纸的国家，也是世界上最早出现纸币的国家。北宋时期，世界上最早的纸币"交子"在四川成都地区出现。到了元代，从公元1260年开始，就以政府发行的纸币作为唯一合法货币。

这张1959年在西藏发现的至元通行宝钞就是至元二十四年（1287年）开始发行的。最上面正楷横书"至元通行宝钞"，下面中央横书"贰伯文"，字下还有象征贰伯文的纹饰。而这种纸张是用桑皮纸印刷，颜色青灰，其好处是纤维细密，纹理美观，轻薄绵韧，防虫性好，可以防止折后破损，增加流通次数。可见，纸不仅仅用于书写画画，而且对满足人的需求和整个经济社会的发展都起到了极大的推动作用。

至元通行宝钞 元代

生活中常见的纸

墙纸

卫生纸

纸箱

手提袋

那么问题来了：如果每位同学每分钟用一张A4大小的纸，全国14亿人口，每天有多少树木要为生产纸而被砍伐？我们使用完的纸又应该怎么处理才能实现循环利用、再次利用呢？节约用纸，垃圾分类，从我做起！

课堂小结 »

本课通过介绍纸的发展过程，使得同学们认识到纸在今天社会生活中的重要性，树立生活中要节约用纸、爱护环境的意识。

笔墨春秋

王 岚

课程目标：

1. 了解笔与墨的发展演变过程，让同学们认识到"笔墨"背后的文化积淀。

2. 从笔的起源入手，结合甘肃省博物馆相关馆藏文物，了解我国文房四宝的发展和历史意义。

3. 通过观看视频，互动讨论，激发学生的民族自豪感和爱国主义情感。

教学重点：

通过课堂学习，结合自己收集的文房四宝实物，开拓学生的知识面，传承中华优秀传统文化，激发民族自豪感，达到爱国主义教育的目的。

文房四宝

簪白笔习俗

按汉代习俗，文官奏事，一般都用毛笔将所奏之事写在竹简上，写完之后，即将笔杆插入耳边发际。之后逐渐成为一种制度：凡文官上朝，皆得插笔，笔尖不蘸墨汁，纯粹用作装饰，史称"簪白笔"。

文官"簪白笔"服饰图

在甘肃省博物馆收藏的国宝级文物"白马作"毛笔的尾端削为钝尖，显然是为了便于簪插，其出土时就位于墓主人头部的左侧，表明入殓时笔就簪在头上。这件文物就是汉代文职官吏"簪笔"之制的印证。

"白马作"毛笔　西汉　甘肃省博物馆藏

毛笔种类

按笔头大小划分：大楷、中楷、小楷

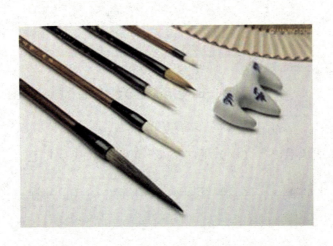

按笔毫软硬划分：

软：羊毫（白山羊毛）

硬：狼毫（黄鼠狼尾尖）

软硬适中：兼毫

其他：紫毫（山兔背黑针尖毛）、猪鬃笔、山马笔、鸡毫（公鸡颈毛去梗）

按笔头材质区分：

狼毛（硬毫）、羊毛（软毫）、兔毛、狸毛

按笔杆区分：

玉质、木质、粉彩瓷质、玳瑁、珐琅

不同材质毛笔的笔头和笔杆

笔头材料	兔毛	（　）毛	（　）毛	（　）毛	（　）毛
笔杆材料	竹管	（　）管	（　）管	（　）管	（　）管

墨

墨，中国传统文房用具，文房四宝之一，是书写、绘画的黑色颜料，后亦包括朱墨和各种彩色墨。

墨的主要原料是煤烟、松烟、胶等，是碳元素以非晶质形态的存在。通过砚用水研磨可以产生用于毛笔书写的墨汁，在水中以胶体的溶液存在。古墨主要派别分徽墨、川墨。

人造墨块是用植物、动物油及矿物不完全燃烧后所产生的碳素，掺加胶料、香料压制而成。

黄宾虹《钓台风光》中国美术馆藏

墨块

墨条

精鉴墨

让我们一起来了解一下墨的制作流程吧!

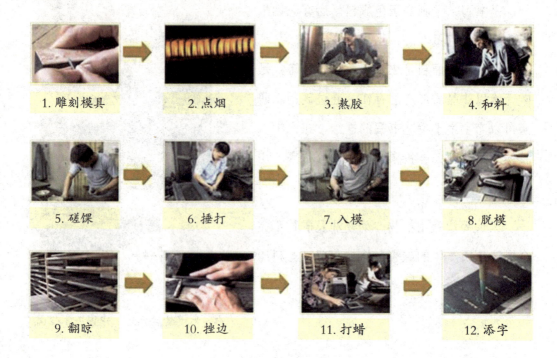

1. 雕刻模具　　2. 点烟　　3. 熬胶　　4. 和料

5. 磋馃　　6. 捶打　　7. 入模　　8. 脱模

9. 翻晾　　10. 挫边　　11. 打蜡　　12. 添字

历史上的古墨

1972年，在甘肃省武威市出土了墨丸一件，呈上小下大的圆柱状，高4.5厘米，底径2.8厘米，色黑且亮，为汉墨的代表。

自汉至唐，墨的数量单位一般用"丸"，少用"枚"。东汉时期的文学家赵壹曾在《非草书》中说到"十日一笔，月数丸墨"，可见当时的笔墨技术虽然成熟，但并不耐用。

秦汉及魏晋时期是墨史上的一个分水岭。当时盛行松烟墨，即以松烟为原料加以捣杵，去掉杂质，加胶定型，从而满足书写需求，这种方式

丸墨　汉代　甘肃省博物馆藏

一直延续到现在，只不过工艺上改
进较多。

隋唐之后，制墨工艺更加受到
当权者的重视，政府专门设立制墨
机构，史称"墨务官"，专为朝廷
抄写典籍经卷提供优质松烟墨，这
使得隋唐时期制墨水准又提高了一
个新的台阶。

松烟墨

1988年，安徽合肥马绍庭墓出
土的六角松烟墨，中央刻有阳篆铭文，造型精致，墨色浓郁。

当然，墨色差异也不完全是墨的原因。由于古人使用墨时需加水研磨，与今
日墨汁相比有一定差距，所以颜色差异与纸张的纤维结构、工艺、表面研光等也
有不小关系。

不同类型的麻纸和皮纸，即便是使用同样的笔墨，也会出现截然不同的笔
触、点画，以及枯笔效果和渗化效果等等，这些都能从唐朝所留传的一些墨迹看
出端倪。

唐朝文化空前繁荣，所以唐代制墨品种也自然丰富许多，有多种颜色出现，
如用朱砂研磨加胶制成的朱砂墨。除此之外，还有金银粉、紫墨、血书等。

朱砂

用朱砂为原料书写的作品，早在商代时期便有了。龟甲、玉片、陶皿等，皆
有朱书出土的实例。

当时朱砂较稀少，价格不菲，主要来源于波斯及中亚地区。据《新唐书·西
域传》中说，吐谷浑地区大量出产朱砂原料，即敦煌文书中记载的"丹"，这也
正是后来所用朱砂书写就被称为"书丹"的原因。

在当今流传下的作品中，"书丹"作品几乎都是有些出处的。如敦煌写经，
或相对更早期一些的魏碑"墨砖"，都是有一定身份地位才会去追求的东西，这
也侧面证实朱砂墨之珍贵。

金银粉

从唐朝开始，工匠就已经能够制作多种颜色的颜料，银朱、铅白、铅丹、铁红、铜绿、绿盐、金粉、银粉等，均能由人工合成。

所以唐代写经有"金粉书于蓝纸，银粉书于黑纸"，是为抄经、壁画常用材料。

紫墨

紫墨是比较少见的，且墨色不易保存，所以流传很少，至今不知此颜色用途以及原料。敦煌写经中就有紫墨本。

血书

在古代，血书有明志的意思。有信徒为示虔诚，刺血写经，还有一些讨逆檄文也用血书写。当然，当今也有人用血书道歉或宣誓。

墨的演变发展，大概就是如此，每个文化繁荣或社会发展迅猛的时期，都会促进书写工具的发展，当今更是如此。

课堂小结 »

中国书法的工具和材料基本上是由笔、墨、纸、砚来构成的，人们通常把它们称为"文房四宝"。本课介绍了笔和墨的发展历史，让同学们明白，中国古代文人基本上都是能书、能画或既能书又能画的，这些创作都是离不开笔墨这两件宝贝的。

笔耕砚田

王 岚

课程目标:

1. 了解砚的由来及发展。
2. 四大名砚的各自特点。

教学重点:

让学生们明白砚台在中国已有久远的历史,从考古发现的资料来看,砚台最早是从研磨器逐渐演变发展而来的。

"文房四宝"砚为首

砚俗称砚台,文房四宝以砚为尊,收藏以砚为最多,受人喜爱的程度也以砚最深。它是中国古代书写、绘画时研磨色料的工具,用于研墨、盛放磨好的墨汁,也可作捺笔之用。

1. 用于研磨的砚堂
2. 盛放墨汁的砚池

砚的由来

研磨盘

研磨石

秦安县大地湾遗址出土

砚的发展（西汉）

石砚

蟠螭盖石砚

漆石砚

砚的发展（南北朝）

双鱼陶砚

白瓷辟雍砚

［注：辟雍，本为周天子所设大学，校址圆形，围以水池，前门外有便桥。东汉以后，历代皆有辟雍，作为尊儒学、行典礼的场所］

砚的发展（唐、宋）

从初唐开始，广东肇庆端州石砚因坚实、润滑、细腻而扬名天下。

此砚底类似门框，与桌面形成前高后低的造型，手可从前端伸入，抄起砚台，背面雕出101个石眼，有"百一"之名，是端砚中的瑰宝。

抄手"百一"石砚　国家博物馆藏

砚的发展（明、清）

清朝宫廷所用砚，根据砚石的自然状态，设计为随形砚，其图面生动传神，精工细作。

雕孔雀端砚　清代

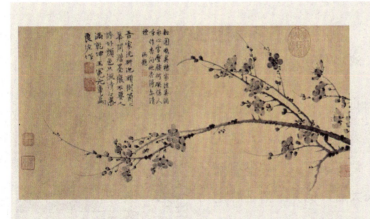

墨梅图题诗

［元］王冕

吾家洗砚池头树，

个个花开淡墨痕。

不要人夸好颜色，

只留清气满乾坤。

〖古诗大意〗

我画的是我家洗砚池边的梅花，一朵朵开放的梅花都是用淡淡的墨汁点化而成。不需要别人夸他的颜色好看，只求在天地人间留下清香的气味。

中国四大名砚

洮砚　甘肃临洮

澄泥砚　山西新绛

端砚　广东肇（zhào）庆

歙（shè）砚　安徽歙县

临池学书　池水尽墨

　　东汉末年，敦煌郡渊泉县（今甘肃省瓜州县）这个地方，出了一个爱好书法的少年，名叫张芝。他从小勤学苦练，常年洗笔，把家中池塘里的水都染成了墨色。长大后，他并不满足总是模仿别人，不断创新，终于克服了章草的弊端，创造出一种新的字体——今草，对后世历代书法家影响很大。张芝被誉为中国书法史上第一个"草圣"，并用"临池学书"来赞誉他。

米芾著《砚史》

米芾（fú）：

北宋书法家、画家。山西太原人，天资高迈、性格自由，酷爱收藏奇石，书画自成一家，并精于鉴赏。曾任校书郎、书画博士，善篆、楷、行、草各字体，著有《砚史》。

《砚史》：

共一卷，记砚26种，分《用品》《样品》《性品》三部分，从砚的发墨、石质、形制等方面全面记录了砚的发展过程。

2007年，我国将"文房四宝"向联合国教科文组织申报了世界级"非物质文化遗产"。

研磨顺口溜

拿起墨块心莫急，食指放在墨顶端。

拇指中指夹住墨，重案轻推定向转。

用力勿大墨垂直，研磨要慢力要匀。

加水适量别太多，边磨边加一次得。

课堂小结 》

通过让同学们了解墨和砚的历史，以及在不同时期的材质和艺术造型，从而深刻体会古人的创造力和聪明才智，感受中华民族传统文化的重要历史价值及影响，增强同学们爱历史、爱祖国的文化情怀，取得寓教于乐的教学效果。

说文解字

陈欣媛

课程目标:

1. 初步了解汉字的造字规律,感悟汉字的表意功能,感受汉字文化的熏陶,激发学生学习文字的兴趣。

2. 从文字的起源开始,结合甘肃省博物馆相关馆藏文物了解文字从古至今的变化。

3. 通过视频和看图识字的方式引导学生感受文字的变化过程及文字独特的艺术魅力。

教学重点:

从博物馆的馆藏文字史料延伸到现代文字使用的过程,感受汉字从无到有、从简单到复杂的演变过程,联系生活中的常见字,对汉字的演变进行阐述,从而使得学生对中国文化和文字产生不一样的认知,增强民族自信心,提升文化自信。

甲骨文

又称契文、甲骨卜辞、龟甲兽骨文。1899年甲骨文首次被发现。据学者胡厚宣统计,共计出土甲骨154600多片,其中大陆收藏97600多片,台湾收藏有30200多片,香港藏有89片,总计中国共收藏127900多片。此外,日本、加拿大、英、美等国家共收藏了26700多片。到目前为止,这些甲骨上刻

大家知道我国最早的文字是什么吗?

_____

_____

_____

有的单字约4500个，迄今已释读出的字约有2000个左右，尚有半数有待破解。

早年，由于非科学的发掘，人们往往只取甲骨，而忽略了甲骨的埋藏情况，致使所出甲骨的价值大失。据统计，从1889年到1928年，私人挖掘出土的甲骨就达十万片以上。

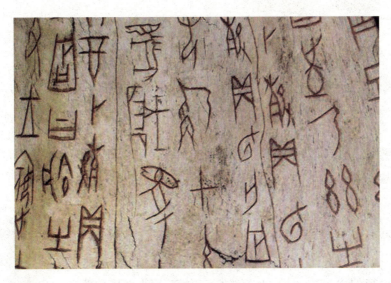

甲骨文

031

仓颉（jié）造字

相传仓颉为黄帝时期的史官，他受鸟兽足迹的启迪，集中劳动人民的智慧，呕心沥血数十载，搜集、整理流传于先民中的象形文字符号并加以推广和使用，被后人尊为"造字圣人"。

古人记事最早采用的是结绳记事的方法。绳结虽有大小和形状区别，但年久月深，难于辨识。后仓颉仰观奎星环曲走势，俯看龟背纹理、鸟兽爪痕、山川形貌和手掌指纹，从中受到启迪，根据事物形状创造了象形文字。

那甘肃省博物馆中有没有关于文字的文物呢？

彩绘符号陶片
距今 7800—7300 年
天水秦安县大地湾遗址出土
甘肃省博物馆藏

宽带纹彩陶钵
距今约 6000 年
天水秦安县大地湾遗址出土
甘肃省博物馆藏

这些彩陶上出现的符号很有可能是当时的一种与记事和数字相关的符号，和中国古代文字的起源有一定的渊源。

王杖木简

王杖木简的内容丰富，字迹清晰，次第分明，既有尊老养老、高年赐杖的明确命令，也有抚恤鳏寡孤独、废疾之人的具体法规，反映了统治者对待老年民众的宽厚、仁爱，具有重要的史料价值，更是不可多得的汉隶书法艺术品。

王杖木简
汉代
甘肃省博物馆藏

医药简

医药简，1972年11月出土于甘肃武威旱滩坡东汉早期墓中。其中木简78枚，木牍14枚。

这批医药简是中国年代较早、形式最完整、内容最丰富的验方著录。反映了中国早期医学水平和中医临床治疗等方面的真实情况，不仅是中国考古学上的重要发现，也是医学史上的大事，为中国古代医学，特别是汉代医疗史的研究提供了珍贵的实物资料。同时，简书书体以隶为主，兼用章草，洒脱流畅，用笔练达，字里行间闪耀着一种动态美，具

医药简
汉代
甘肃省博物馆藏

有"率意，质朴，粗犷，雄健"的风格，深受书法家推崇。

《仪礼》简

1957年7月，甘肃武威汉墓群出土了480枚木简，令人叹为观止，其中469枚均为《仪礼》内容。它不是散乱的残简令札，而是完整的书册，是西汉经书的样本，保存最完整、墨迹如初。像这样完整的《仪礼》简，是迄今出土汉简中的空前发现，不愧为"天下第一简"。

《仪礼》简
汉代
甘肃省博物馆藏

从这些博物馆中的文史资料中不难看出中国文字源远流长、历史悠久。

其实象形字的变化都是来源于生活的。像"册"的来源：古代人把写了文字的竹简编串起来，称为"简册"。甲骨文和金文"册"字的几条竖线表示竹简，横向的曲线是把竹简编串成册的皮绳。

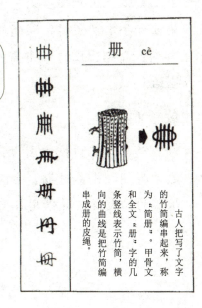

册 cè

古人把写了文字的竹简编串起来，称为"简册"。甲骨文和全文"册"字的几条竖线表示竹简，横向的曲线是把竹简编串成册的皮绳。

课堂小结 》

汉字是世界上最古老的文字之一，已有几千年的历史。汉字中也有很多有趣的故事，讲述汉字的发展、演变过程，了解汉字的博大精深。通过本课让同学们了解汉字的发展历程，激发大家对汉字的学习兴趣，拓宽汉字的运用范围，提高汉字的使用能力。

远古乐声

王 岚

课程目标:

  1. 介绍远古乐器的由来、特点及作用，让同学们了解人类创造乐器的过程，欣赏各种远古乐器发出的声音，体会人们表达情感的途径以及载体，培养学生的艺术情趣，感受中华传统文化的独特魅力，领悟五千年华夏文明的深邃与博大。

  2. 介绍出土自甘肃省的陶质乐器，通过文物呈现古代社会的音乐生活。

教学重点:

  为同学们讲授中国古代乐器的发展历史和最主要的四个时期——远古时期、先秦时期、秦汉隋唐时期和宋元明清时期。介绍中国传统乐器的四大类，并借用各博物馆展厅中的文物一一进行举例介绍。

  远古时期，在人类还没有发明成熟的语言之前，相互之间的交流需要凭借肢体动作配合咿咿呀呀的叫喊声才能得以实现。比如在打猎过程中，先民们模仿动物的声音来吸引猎物；在劳动的过程中，喊起口号来指挥节奏……可是，人能发出的声音毕竟是那么单薄、微弱且不够丰富。后来，通过对自然界各种声音的模仿和情感表达的渴望，人们从简单到复杂创造出了一件件形制不同、音色各异的乐器。作为人类最早拥有的文明财富之一，乐器得到极大的重视和不断地发展。

中国古代乐器的发展

中国民族乐器有着非常悠久的历史，早在史前时期已陆续出现了陶铃、陶埙、陶鼓、骨笛、编钟、笙等乐器。

中国历史上最早的乐器科学分类法是按乐器的制作材料进行的，称作"八音"，即金、石、土、木、革、丝、竹、匏，最早可追溯到西周时期。

中国古代乐器四个发展时期

史前时期

击奏类乐器，这时的乐器以狩猎和歌舞伴奏为主。

先秦时期

中国乐器发展史的第一个高峰，确定了乐器的分类法——"八音"。

秦汉隋唐时期

弹奏类乐器得到空前的发展和繁荣，拉弦类乐器开始在民间出现。

宋元明清时期

弓弦乐器得到极大发展，并促进了戏曲、说唱音乐的发展。

根据以上介绍，同学们猜一猜下面哪些乐器可能与日常生活、狩猎和指挥口号有关系呢？

目前，中国民族乐器按演奏方法及音响效果划分为四大类：

吹管乐器：笛子、箫、笙、唢呐、管子等。

拉弦乐器：二胡、板胡、马头琴、京胡等。

弹拨乐器：琵琶、三弦、古筝、扬琴等。

打击乐器：鼓、板、钹、锣等。

精品乐器文物——埙

埙是中国最古老的吹奏乐器之一，大约有7000年的历史。埙在八音中属土，各个时期埙的形态不完全相同，有橄榄形、圆形、椭圆形、鱼形等。埙主要用于历代雅乐，民间也有流行，是中国特有的闭口吹奏乐器，在世界原始艺术史中占有重要的地位。

埙的起源与先民们的劳动生产活动有关。最初可能是模仿鸟兽叫声而制作，用以诱捕猎物。

鱼形彩陶埙
四坝文化
距今 3900—3400 年
甘肃省文物考古研究所藏

陶埙
河姆渡文化
距今 7000 年
国家博物馆藏

精品乐器文物——鼓

鼓作为一种打击乐器出现于新石器时代，主要有土鼓和木鼓两大类。土鼓即陶鼓。

彩陶鼓接近鼓面处有一圈突出的倒钩，应是为了便于蒙兽皮而制。木鼓是用树干挖成竖桶形的，其外壁有彩绘，鼓面蒙以鳄鱼皮。

早期的鼓可能是受到陶罐、陶盆等容器的启发而创造出来的。

彩陶鼓
马家窑文化
甘肃省博物馆藏

陶鼓
山西襄汾陶寺遗址
距今 4700 年左右
山西省博物院藏

精品乐器文物——骨笛

　　笛子在中国历史悠久，可以追溯到新石器时代。先辈们点燃篝火，架起猎物，围绕捕获的猎物边进食边歌舞。他们利用飞禽胫骨钻孔吹之，用其声音诱捕猎物和传递信号。

　　笛子的表现力非常丰富，既能演奏悠长、高亢的旋律，又能表现辽阔、宽广的情调，同时也可以奏出欢快华丽的舞曲和婉转优美的小调。

贾湖骨笛　　　　　　　　　　　　骨笛

裴李岗文化　　　　　　　　　　　红山文化

距今约 8000 年　　　　　　　　　距今约 5500 年

河南博物院藏　　　　　　　　　　内蒙古博物院藏

精品乐器文物——编钟

　　编钟是中国古代大型打击乐器，兴起于西周，盛行于春秋战国直至秦汉时期。中国是制造和使用乐钟最早的国家，编钟在八音中属金。

青铜编钟　距今约 3200 年　甘肃省博物馆藏

编钟用青铜铸成，大小不同的扁圆钟按照音调的高低次序排列起来，悬挂在一个巨大的钟架上，用丁字形的木锤和长形的棒分别敲打铜钟，即可发出声音。因为每个钟的音调不同，按照音谱敲打，可以演奏出美妙的乐曲。

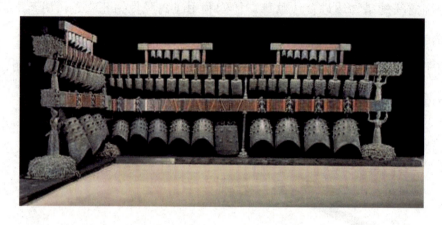

曾侯乙编钟　距今约 2400 年　湖北省博物馆藏

　　声音源于物体的震动，比如琴弦就是弦乐器的震源。声音的传播需要物质，物理学中把这样的物质叫做声的介质，震动需要通过一定的介质才能传播。就声音而言，空气就是最常见的传播介质，在真空中声音无法传播。今天让我们利用生活中常见的器物来充当乐器，如：杯子、玻璃试管、塑料瓶、绿豆、皮筋、陶盆等器物一起来演奏属于我们自己的交响乐吧。

课堂小结 »

　　通过引导提问乐器是如何出现的，它与生产劳作和大自然有哪些联系，并以课件展示中国最早出现的原始乐器，如陶埙、陶铃、陶鼓等，认识中国传统乐器，了解中国古代乐器的发展和四个发展时期、乐器的四大类别等方面的知识。最后通过图片重点展示甘肃省博物馆展览陈列中的乐器，介绍它们的历史文化和价值内涵。

胡腾舞俑

陶怡宇

课程目标:

1. 通过馆藏文物"胡腾舞俑"的介绍和学习,让同学们了解甘肃在中西方文化交流中的独特历史地位。

2. 追溯胡腾舞的发展历程。

3. 激发同学热爱家乡文化、学习历史的兴趣,培养孩子们的观察力、模仿力,拓展知识范围。

教学重点:

通过展厅参观讲解、图片展示、讲故事、视频赏析和舞蹈学习等教学方法,让孩子们了解胡腾舞的特点以及在东西方文化交流中起到的重要作用,吸引他们从小关注我国多民族文化融合的特点。在参观展厅的过程中,孩子们的观察、思考和审美能力得到提升;在课堂互动中,孩子们的合作、语言表达等能力得到提升;在学习胡腾舞蹈的过程中,鼓励孩子们进行才艺展示。这不仅可以极大提高他们自身的能力,而且通过学习民族舞蹈,可有力激发他们对家乡民族文化历史的了解,促进孩子们综合素质的提升和发展。

同学们喜欢跳舞吗?

大家知道哪些少数民族的舞种?

知道什么是胡腾舞吗?

看过胡腾舞表演吗?

| 朝鲜舞 | 新疆舞 | 蒙古舞 | 藏族舞 |

胡腾舞

最初是中亚地区粟特人的舞蹈，舞者为男性，尤以石国（今乌兹别克斯坦塔什干地区）人最为擅长，之后传至中原后也有汉人习得。舞者身着胡服、束长带，注重脚下动作。其风格特点以姿态多样的跳跃和节奏急促多变的腾踏为主，多在圆毯上或以圆形路线舞蹈，音乐则是由横笛、琵琶等丝竹乐器演奏的乐曲。表演场合与饮酒宴乐不可分，多在酒酣半醉之时豪放起舞。

此种舞蹈自汉末魏初便被频繁往返于古丝绸之路的粟特人带入中原地区，继而在中土地区广为流传，隋唐时期非常流行。"胡"是中国对于中亚诸多民族的专称，尤其是特指中亚粟特人。"胡腾"一词最早见于唐代诗人李端的《胡腾儿》一诗，"胡腾"一词多用来指代胡腾舞，如元稹诗中"胡腾醉舞筋骨柔"。而"胡腾儿"则用来指代跳胡腾舞的人。

胡腾儿

[唐]李 端

胡腾身是凉州儿，肌肤如玉鼻如锥。
桐布轻衫前后卷，葡萄长带一边垂。
帐前跪作本音语，拾襟搅袖为君舞。
安西旧牧收泪看，洛下词人抄曲与。
扬眉动目踏花毡，红汗交流珠帽偏。
醉却东倾又西倒，双靴柔弱满灯前。
环行急蹴皆应节，反手叉腰如却月。

胡腾舞俑

铜俑"胡腾舞俑"高13.4厘米。舞者深目高鼻，头戴尖顶帽，身穿窄袖长衫，裙裾飞扬。足蹬弯头软靴，身背酒葫芦，右臂上举，左臂屈肱身侧，左足立于覆莲花圆台上，右腿屈伸上提，做舞蹈状。

这件铜俑是目前国内仅见的胡腾舞雕像，1996年被定为国家一级文物。胡腾舞集中体现了东西文化的交流和融合，它的产生和流传，是在古代民族大融合的趋势下各族艺术相互吸纳和借鉴的优秀成果。

胡腾舞在唐代风靡唐都长安，还被引入宫廷，成为宫廷乐舞。

胡腾舞俑　唐代
山丹县博物馆藏

了解过独有异域风情的胡腾舞，现在大家一起来学跳舞蹈，亲身感受一下西域风情的魅力吧！

课堂小结 》

通过对"胡腾舞俑"的介绍和学习，同学们了解到甘肃在中西方文化交流中的独特历史地位。同时达到热爱家乡本土文化、激发学习历史的兴趣，培养孩子们的观察力、模仿能力，拓展知识范围等综合目的。

瓷盏畅谈

赵兴浩

课程目标：

1. 区别瓷器和陶器。

2. 了解宋代著名的瓷器（汝窑为例）以及因当时喝茶、斗茶之风而大为盛行的建盏。

3. 进一步了解建盏的制作方式、纹饰特点。

4. 了解甘肃省博物馆馆藏国宝级文物"玻璃莲花托盏"。

教学重点：

通过介绍不同类型的瓷盏让学生了解瓷器的魅力，体会中华文化的奥秘，激发学生弘扬传统文化的美德。

同学们，中国是瓷器的故乡，瓷器的使用范围很广，包括我们平常吃饭的碗、盛菜的碟子，以及用来观赏的工艺品等。瓷器在我们的生活中所处不在。

瓷制工艺品

瓷器和陶器的区别

（1）使用原料不同

陶器使用一般黏土即可制坯烧成。瓷器则需要选择特定的材料，以高岭土作坯。

（2）烧成温度不同

陶器烧成温度一般都低于瓷器，最低甚至达到800℃以下，最高可达1100℃左右。瓷器的烧成温度则比较高，大都在1200℃以上，甚至有的达到1400℃左右。

（3）釉料不同

陶器有不施釉和施釉的两种。施釉的陶器釉料在较低的烧成温度时即可熔融。瓷器的釉料有两种，既可在高温下与胎体一次烧成，也可在高温素烧胎上再挂低温釉，第二次低温烧成。

漩涡纹彩陶壶
马家窑文化半山类型
甘肃省博物馆藏

三彩凤首壶　唐代
甘肃省博物馆藏

汝窑

汝窑，宋代五大名窑之一，因窑址位于宋代河南汝州境内而得名，今河南省宝丰县清凉寺村和汝州市张公巷均发现汝窑烧造遗迹。汝瓷位居宋代"汝、官、哥、钧、定"五大名窑之首，在中国陶瓷史上素有"汝窑为魁"之称。汝窑瓷器是中华传统制瓷著名瓷种之一，是中国北宋时期皇家主要代表瓷器。

汝瓷造型古朴大方，以名贵玛瑙为釉，色泽独特，有"玛瑙为釉古相传"的赞誉。汝瓷随光变幻，观其釉色，犹如"千峰碧波翠色来"之美妙。其釉厚而声如磬，明亮而不刺目，被世人称为"似玉，非玉，而胜玉"。宫廷汝瓷用器，内库所藏，视若珍宝，可与商彝周鼎比贵。

汝瓷开片堪称一绝。开片的形成，实是器物于高温焙烧下产生的一种釉表缺陷，汝窑的艺术匠师将这种难以控制、千变万化的釉变，转换为一种自然美妙的装饰。汝瓷釉面开片较细密，多呈斜裂开片，深浅相互交织叠错，像是银光闪闪的片片鱼鳞，或呈蝉翼纹状，给人以排列有序的层次感。釉中细小沙眼呈鱼子纹、芝麻花和蟹爪纹状。

宋汝窑天青釉圆洗
故宫博物院藏

建盏

宋人喝茶之风盛行，上至皇帝，下至百姓，用来泡茶斗茶的瓷器，以建盏为佳。

建盏，是福建省南平市建阳区特产，中国国家地理标志性产品，国家级非物质文化遗产。建盏按器型分为敞口、撇口、敛口和束口四大类；按釉面纹理分为兔毫、油滴和曜变。建窑上的黑釉是一种析晶釉，属于含铁量较高的石灰釉，因此具备烧成黑釉的基本条件，这种石灰釉黏性强，其最大的特点就是在高温中容易流动，所以，建盏外壁底部往往有挂釉现象，而器物口沿釉层较薄，呈褐红色，有的近似芒口。建窑黑瓷的胎质含铁量较高，胎骨厚实坚硬，叩之有金属声，俗称"铁胎"，手感厚重，同时含砂粒较多，故胎质较粗糙，露胎处手感亦较粗。由于建窑黑瓷中的建盏胎体厚重，胎内蕴含细小气孔，利于茶汤的保温，适合斗茶的需要。

曜变天目盏

建盏

玻璃莲花托盏

玻璃莲花托盏　元代　甘肃省博物馆藏

汪世显家族墓地位于甘肃省漳县城南2.5公里的徐家坪，是目前为止国内最集中且完整的元代家族墓地遗址。元代在历史上存在的时间短，又经常处于战乱中，故遗存较少。而汪氏家族墓地遗址区约3万平方米，面积大且随葬品丰富，这件玻璃莲花托盏就是其中最宝贵的一件。

这件元代莲花形玻璃托盏包括盏和托各一件，为普蓝色玻璃制成，半透明，胎内含气泡。托盏高4.8厘米，托高1厘米，口径12.5厘米。盏为七瓣莲花形，饼形足；托口为平口，边沿呈八瓣莲花形，平底，颜色比盏略浅，尖锐的瓣尖成为其造型上区别于后代的显著特点。

观其整体，托与盏相得益彰，宛如蓝色夜幕下一朵盛开的睡莲。其器型较大，制作精巧，为元代玻璃器皿中的稀世珍品，也是甘肃省博物馆珍藏的一件国宝级的文物。

然而，对于这套精美绝伦的玻璃托盏的出产地却有许多不同观点。有人认为中国开始制作玻璃器具的时间较晚，技术水平也不高，但这套托盏工艺极为精美，再加上汪氏是金、元、明陇西望族，得到域外精品轻而易举，所以这套托盏极有可能是西方传入；也有人认为这套托盏是元代工匠利用外来材料结合中国传统审美而制。

由于玻璃材料的稀缺和烧造技术的复杂，宋、元、明时期留存下来的玻璃器物就显得弥足珍贵。出土于汪氏这样名门望族墓地的玻璃莲花托盏，既包含着中国古代工匠精湛的技艺，也象征着东西方文化交流的源远流长。

课堂小结 »

本文通过对瓷器的认识和以博物馆藏莲花托盏的了解，加深孩子们中国传统文化瓷器美的体验，达到弘扬传统文化自信和保护文化遗产的意识。

古人智慧

张丽娜

课程目标:

1. 了解古人获得光明的方式,掌握古代灯具的种类及使用方法。
2. 了解獬豸的由来以及在当代的运用。
3. 懂得铜奔马所蕴含的平衡力学原理,并能熟练运用到日常生活中。

教学重点:

1. 能够准确回忆在甘肃省博物馆参观过程中见到的重点文物的名称、样式、作用。
2. 掌握甘肃省博物馆鼎形铜灯、木独角兽、铜奔马的相关知识。
3. 熟练运用平衡力学原理。

　　同学们,在日出而作、日落而息的古代,夜晚的来临就意味着黑暗的到来。在漫长的古代社会里,在那些幽暗的夜晚,我们的老祖宗是如何解决照明问题的呢?

　　我们都知道古代是没有电灯的,而远古时期的照明是从钻木取火开始的,有了火堆的夜晚便不再黑暗。

　　早期人们用薪束照明,火焰熏人,满屋子都是烟火气,而且容易引发火灾,点灯必须由专人看守。后来发明了油灯这种设备。这是古人在照明工具上革命性的进步。

战国时期就已经有了青铜油灯，这是中国照明史上的一次重大进步。

火把　　　　　　　　蜡烛

油灯　　　　　　　　电灯

到了汉朝，蜡烛出现了，但是极为稀少，属于进贡珍品，并不是普通人可以使用的，老百姓还是以油灯为主。到了繁荣昌盛的宋朝，人们才广泛地使用起蜡烛。宋朝的蜡烛不同于汉朝的蜜蜡，却与我们当今社会所使用的长形蜡烛极为相似。中间有烛芯，可以直接点燃，燃烧时间较长，亮度也远大于油灯。它不仅使用方便，携带也极为方便。这种历史转折，极大地推动了古代照明史的发展。进入现代社会后，人们发明了电，从此人们的照明得到了极大的改善。

鼎形铜灯，是贵族出行时携带的灯具。使用时旋转盖子，打开支架，将盖子反转于支架上，当做灯盏使用；不用时，将盖中多余的油倒入器腹部，收起支架，盖好鼎盖，再将顶盖下面的宽鸭嘴卡入，这样就能严实地密封住。

大家好，我是战国时期的铜灯，距离现在已经2000多年了！

鼎形铜灯　战国　甘肃省博物馆藏

右图为出土于武威雷台汉墓的一件铜连枝灯。汉代对于陪葬制度比较重视，死者长眠于黑暗的地下，灯具是必不可少的一类葬品。下层民众多用陶质灯具陪葬，这种连枝型青铜灯，是用来为贵族陪葬的。这件铜连枝灯共有13个灯盏，最上方为仙人骑鹿托举的灯盏，十字形支架，末端各有镂空枝蔓，其上承托小灯盏，灯盏外围有火焰装饰，每个部件都是套插在一起的。不难想象，所有灯盏点燃后，与金黄的铜色相互映衬，是多么的富丽堂皇。

铜连枝灯　汉代　甘肃省博物馆藏

独角兽

独角兽是西方的叫法，我们称它为獬豸（xiè zhì）。在《山海经》《异物志》中有记载，"北荒之中，有兽，名獬豸，一角，性别曲直，见人斗，触不直者"，懂人言知人性，能用角顶理亏的人，是正义的象征，是中国古代传说中的神兽，触抵邪恶、识奸佞、辨曲直。

獬豸既是执法者的象征，人们又进而赋予它执法者所必须具备的美德：勇敢无畏，疾恶如仇。与此同时，也赋予了它驱魔辟邪、守护善良的神威。所以，汉代人死后，就把木制或铜制的独角兽放置在墓门旁，以镇墓辟邪，故而又叫"镇墓兽"。

木独角兽　汉代　甘肃省博物馆藏

铜独角兽　魏晋　甘肃省博物馆藏

獬豸

补服上的獬豸图

监察御史及按察使所穿补服的前后，皆绣獬豸图像，以示其执法公平严明。

铜奔马

　　铜奔马通高34.5厘米，长45厘米。尾打飘结，三足腾空，右后蹄踏于一只飞鸟之上。在侧面我们可以看到鸟头是向回看的，足以展现马的奔跑速度很快，因而鸟呈现惊愕回首的姿态。铜奔马重达7.15公斤，这么重的重量和鸟的接触面积却很小，不足一平方厘米的大小，这说明古代工匠对于平衡力学掌握得很好。

从侧面看，以鸟头和马蹄之间为对称轴，前方和后方伸出去的蹄子都是大致对称的，中间曲肢的也大致对称。铜奔马的走姿和经常见到的马匹也不大一样，今天我们看到的马匹呈四足交错步奔跑，而铜奔马却是同一边抬起来或者放下去的，像人走路顺手顺脚了一样。这其实是河西走马的优点——对侧步。这种马匹是真实存在的，优点就是稳度很高。古代骑兵作战多用骑兵，马的稳度高了，射箭的准度会高，军事力量也会大大提升。

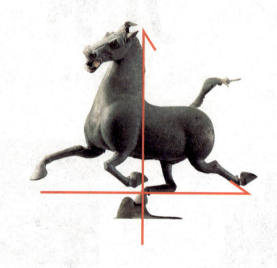

铜奔马细节展示

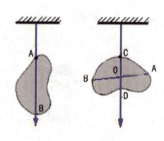

悬持法找重心

课堂小结 》

本节课旨在向学生普及文物知识和科学常识。这类实验课较多、互动充分的课程是比较受学生欢迎的，学生兴趣浓厚，知识也能当堂消化。将文物与科学结合是新的尝试，以后可以多多引进。

丝绸之路上的"男神"——李广

刘 婷

课程目标:

1. 了解李广将军的生平。

2. 通过分享与李广相关的小故事,让学生习得古诗《出塞》《塞下曲》以及成语"桃李不言,下自成蹊"。

3. 通过李广将军使用的武器延伸出冷兵器——箭和弓弩的相关知识。

教学重点:

1. 读准并理解《出塞》和《塞下曲》两首诗歌。

2. 掌握并能复述出李广生平以及与之相关的背景知识。

李广

李广,陇西成纪(今甘肃天水秦安县)人,是汉代抗击匈奴的爱国名将,被称为"飞将军"。李广一生历经文帝、景帝、武帝三朝,以勇力才气闻名于世。

李广家族世代传习射箭,其本人更是射技极高,在历史上留下了"射石搏虎"的典故。

李广

飞将军的由来

西汉元光六年（公元前129年），李广任骁骑大将军，率领万余兵马出雁门关抗击匈奴，因众寡悬殊负伤被俘。匈奴将其置卧于两马之间，李广佯死，于途中趁隙跃起，奔马返回。匈奴害怕其英勇善战，称之为"飞将军"，数年不敢来犯。

飞将军的故事
——桃李不言，下自成蹊

李广英勇善战，战功赫赫，对部下也很谦虚和蔼。汉朝皇帝和匈奴单于都很敬佩他，但后来因故自杀，许多部下及不相识的人都自动为他痛哭，司马迁称赞他是"桃李不言，下自成蹊"。意寓桃李有芬芳的花朵、甜美的果实，虽然不会说话，但仍然能吸引许多人到树下赏花尝果，以至于树下走出一条小路出来。比喻一个人做了好事，不用张扬，人们就会记住他。只要能做到身教重于言教，为人诚恳、真挚，就会深得人心；只要真诚、忠实，就能感动别人。飞将军李广的故事影响甚广，日本东京成蹊大学即以此评为名。

让我们来学习两首有关飞将军李广的古诗吧！

出 塞

［唐］王昌龄

秦时明月汉时关，
万里长征人未还。
但使龙城飞将在，
不教胡马度阴山。

塞下曲

［唐］卢纶（lún）

林暗草惊风，
将军夜引弓。
平明①寻白羽②，
没③在石棱④中。

注释：

①平明：天刚亮的时候。②白羽：箭杆后部的白色羽毛，这里指箭。③没（mò）：陷入。④石棱：石头的棱角。

中国古代冷兵器——箭

箭，又名矢，是一种借助弓弩，靠机械力发射的具有锋刃的远程射击兵器。远在3万年以前的旧石器时代晚期，在中国境内的人类就开始使用弓箭了。当时其箭杆多用竹制，也有木制的。

箭

为了较准确地命中目标，必须把握住箭在飞行中的方向，于是人们在箭杆的尾部装上羽毛，使箭的形制趋于完善。

箭的飞行速度和准确性与尾羽的关系密切。箭羽太多，飞行速度慢；箭羽太少，稳定性差。而箭羽以雕翎为最上，角鹰羽次之，鸱鸮（chī xiāo）羽又次之。

在宋朝，当优质羽供应不足时，曾发明风羽箭。将箭尾安羽处剔空两边，利用向内凹进的空槽产生涡流阻力使箭保持飞行稳定，其设计思想是相当科学的。

李广墓

李广墓位于天水市城南石马坪，是一座衣冠冢，垣墙大门额题"飞将佳城"。墓地祭亭门前有两匹汉代石雕骏马，造型粗犷，风格古朴，但现已磨损残缺，略具形式了，石马坪也因此而得名。

课堂小结 》

本节课旨在让学生了解汉代抗击匈奴名将李广及其相关的背景知识。让学生基本能做到积极回答问题，将参观所学融会贯通。

丝绸之路上的"男神"——张骞

王雪麟

课程目标:

　　了解张骞生平经历及其贡献。

教学重点:

　　张骞对丝绸之路的开通起到的作用及丝绸之路在今天发挥的作用。

　　如果现在有个人告诉你他要从西安骑马到中亚、北亚那一带,具体目的地不确定,你会怎么看待这个人?

　　骑行爱好者、旅游热衷者还是和平大使?

　　如果再加上一些条件:不能 GPS 导航、不给办理护照、除了找些人陪同(不排除随时离队),其他什么都没有,这个人还是坚持要去,而且一去就是十多年,你又会如何看待他?

张骞

张骞，陕西省汉中市城固县人，中国汉代杰出的外交家、旅行家、探险家，丝绸之路的开拓者。

他曾先后两次出使西域，打通了汉朝通往西域的道路，即赫赫有名的"丝绸之路"。他将中原文明传播至西域，又从西域诸国引进了许多物种到中原，促进了东西方文明的交流。

张骞雕像

张骞出使西域

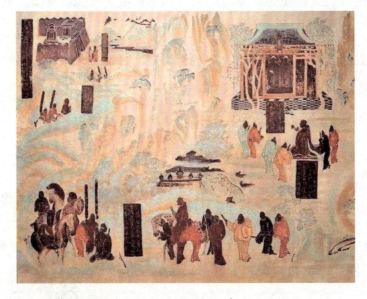

莫高窟第 323 窟（初唐）张骞出使西域图

● 那时，张骞是个朝廷郎官，年轻，人也长得精神。国家公务员，长安户口，有房有车。

● 但为了国家，他想都没想就决定应募出征。

● 一位叫堂邑父的匈奴人挺身而出，愿做向导。张骞率堂邑父等百余人由长安出发，取道陇西（今武威、张掖、酒泉一带），向西域进发。

张骞的任务

一、穿过匈奴控制的河西走廊；

二、进入西域，找到大月氏国；

三、说服大月氏出兵进攻匈奴；

四、收集西域情报，带回长安。

张骞出使西域，本是要说服月氏与汉联手，共同对抗匈奴。然而，在匈奴耽搁的十年中，月氏磨平了血气，导致张骞并未能真正完成此行的使命。

张骞出使西域有多难？

但张骞此行，可谓是"开眼看世界"第一人，大汉的天子与臣民从他口中，第一次知道在汉朝的疆域之外，还有着许许多多与汉朝风物迥异的国度，不光匈奴与月氏，还有大宛、康居、安息、大夏，还有临大水的身毒国、乘象而行的滇越国……

也是自张骞此行，西域诸国"始通于汉"，大宛的天马、安息的葡萄、身毒的佛像、昆仑的美玉，当然还有汉朝的丝绸……在张骞行走过的这条路上，从西方到东方，从东方到西方，络绎不绝。

丝绸的重要性

中国第一部字典《说文解字》收录"丝"旁的字达267个！丝绸还影响到中国古代文学。

直到今天，中国生丝产量占世界总产量的70%以上，丝绸依然作为当之无愧的"中国名片"，令世界瞩目！

蚕蛹

丝绸质地好、分量轻，长期以来是王公贵族享用的奢侈品，百姓们则穿麻布，所以下层百姓又叫"布衣"。

铸造足够数量的钱币是个难题，而丝绸因其独特性，也是一种值得信赖的货币。

丝绸

丝绸之路上主要的交通工具——沙漠之舟

骆驼

骆驼能忍受极其恶劣的气候环境，并对致命性的沙漠风暴的到来非常敏感。在预感到风暴来临时它们会立刻号叫着聚成一团，是丝绸之路上主要的交通工具，素有"沙漠之舟"之称。

张骞故里——神奇桔乡

城固，是丝绸之路开拓者张骞的故里，是"汉中张骞"列车的必经之地，如今，先贤张骞随着古道驼铃已经远去，奔驰的高速列车为张骞故里带来了新气象。

中国·城固
Chenggu China

开动你的脑筋，想一想与"丝"有关的字吧！

张骞泛槎（chá）

传说，张骞乘槎（木筏）去找黄河源头，结果到了桃花源。男主人告诉他说是天河，女主人把一块石头送给张骞，张骞带回来之后便被东方朔认出，说是天河织女的仙石。还有传说他乘坐的是通往天河之间的神槎。其实我们看看地图就知道了，一路往西，骑马是最方便的，这个成语典故其实指的还是张骞出使西域这件事情本身。

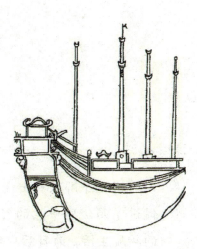

槎还原图

送徐千户之甘州

[明] 胡奎

春寒初试越罗袍，不惜千金买宝刀。

马援橐中无薏苡，张骞槎上有葡萄。

昆仑西去黄河远，函谷东来紫气高。

何事相逢又相别，陇云边月夜劳劳。

感怀诗（四十首。有序）

[明] 桑悦

织女望牵牛，银汉一水遥。

天缘许会合，秋清正良宵。

张骞取星槎，吴质伐桂桡。

安用人间鹊，腥羽编成桥。

又赓张翼韵

[明] 胡奎

腊前三白旷无涯，应是天公降六华。

九曲河深凝底冻，张骞无处再乘槎。

看，诗歌中还一直用这个典故呢！

说一说，你们从张骞身上学习到了什么呢？

课堂小结 »

通过了解张骞出使西域的故事，我们认识到他两次出使西域，促进了西域同中原的经济、文化联系及社会的进步，丰富了中原的物质生活，为日后中国与西亚、欧洲的互动与交流提供了条件。

丝绸之路上的"男神"——刘彻

范 馨

课程目标:

1. 通过引导学生理解出使西域对巩固西汉统治、加强汉朝与西域各国联系所起到的作用,通过了解丝绸之路,正确评价汉武帝刘彻。

2. 学习刘彻勇于冒险、勇于开拓、忠于国家、坚忍不拔的品质,树立正确的人生观、价值观。

教学重点:

指导学生读图,找出西域的大致范围及张骞通西域的时间、出发点、最远点、所经国家、主要任务,在锻炼学生读图能力的同时,让重难点知识在一张图上凸显出来,以加深学生的印象。

汉武帝刘彻

汉武帝刘彻

西汉世宗孝武皇帝刘彻,是汉朝的第7位皇帝。4岁时被封为胶东王,7岁时被册立为太子,16岁登基,在位54年。他在位时期,汉朝达到了极盛。

汉武帝生平贡献

公元前141年，汉武帝刘彻即位。此时，汉朝国内安定，经济繁荣，汉武帝便开始采取积极的对外政策。他前后共两次派遣张骞出使西域，这也是中国历代以来第一次与外域国家进行沟通交流。

 汉武帝在位期间，主要做了五件大事：

一是打退了匈奴对中原的入侵，中华民族获得了从南到北，从东到西的广阔生存空间。

二是变古创制，包括收相权、行察举、削王国、改兵制、设刺史、统一货币、专管盐铁、立平准均输等重大改革与创制，建立了一套系统、完整而且体现着法家之"以法治国，不避亲贵"的政治制度。这种法制传统，成为此后2000年间帝国制度的基本范式。

三是将儒学提升为国家宗教，建立了一套以国家为本位、适应政治统治的意识形态，从而掌控了主流舆论，并且为精英阶层（士大夫）和社会树立了人文理想以及价值标准。

四是彻底废除了西周宗法制的封建制度，建立了一套新的行政官僚制度、继承制度和人才拔擢制度。

五是设计制订了目光远大的外交战略，并通过文治武功使汉帝国成为当时亚洲大陆的政治和经济轴心。

汉武帝在位期间的"第一"

- 汉武帝首创年号，是中国第一个使用年号的皇帝。
- 汉武帝是第一位在统一的国家制定、颁布太初历的皇帝，以正月为岁首这一点，一直沿用至今。
- 汉武帝进行了人类历史上第一次人口统计。
- 第一位开辟丝绸之路的皇帝。
- 汉武帝开创了察举制来选拔人才。
- 汉武帝时推广土法播种机下种，此后这一方法在中国沿用了两千多年。

汉武帝诗词作品

刘彻不但是一位雄才大略的政治家，也是一位爱好文学、提倡辞赋的诗人。明人王世贞以为，其成就在"长卿下、子云上"，他存留的诗作有许多为诗论家所推崇。

秋风辞

[汉] 刘彻

秋风起兮白云飞，草木黄落兮雁南归。

兰有秀兮菊有芳，怀佳人兮不能忘。

泛楼船兮济汾河，横中流兮扬素波。

箫鼓鸣兮发棹歌，欢乐极兮哀情多。

少壮几时兮奈老何！

"怀佳人兮不能忘"等句，抒发了刘彻渴求"贤才"的愿望。鲁迅称此诗"缠绵流丽，虽词人不能过也"。

汗血宝马的来历

公元前104年，汉武帝命李广利率领骑兵数万人，到达大宛边境城市郁城，但并未将其攻下，只好退回驻守敦煌。回来时人马只剩下十分之一二。三年后，汉武帝再次命李广利率军远征，带兵6万人，马3万匹，牛10万头，还带了两名相马专家前去大宛国。此时适逢大宛国发生内讧，其国人无力与汉军抗衡，遂与汉军议和，允许汉军自行选马，并约定以后每年大宛向汉朝选送两匹良马。汉军终如愿以偿，将近千匹汗血宝马带到汉朝。

汗血宝马

茂陵

茂陵

茂陵是西汉五陵之一，是西汉武帝刘彻的陵墓，也是规模最大的西汉帝王陵。其所在地原属汉代槐里县茂乡，故称茂陵。现位于陕西省咸阳市区与兴平市之间的五陵塬上，属咸阳，距西安约40公里。陵的封土，略呈方锥体形，平顶。陵周陪葬墓有李夫人、卫青、霍去病、霍光等人的墓葬。

汉武帝的历史评价

汉武帝是中国历代封建王朝中杰出的君主，开创了西汉王朝最鼎盛繁荣的时期，是中国封建王朝第一个发展高峰，他的治理使汉朝成为与西方罗马帝国相媲美的东方最强大的国家。他还开辟了广大疆域，奠定了其后两千余年的中国版图的基础。

《汉书》评叙刘彻"雄才大略"，《谥法》说武帝"威强睿德曰武"，意为威严，坚强，明智，仁德，所以死后的谥号叫"武"。在历史书上，"秦皇汉武"经常互相衔接。他的功业，对西汉王朝乃至中国的历史进程的发展都影响深远。

汉武帝是第一个用"罪己诏"进行自我批评的皇帝。敢于罪己，置自己过失于天下舆论中心，汉武帝无疑是第一人。至此，后代皇帝犯了大错，也会下"罪己诏"，公开认错，展示明君姿态。

课堂小结 》

本课讲述了汉武帝时期，张骞两次出使西域，开通了丝绸之路，加强了内地与西域的交流，也促进了西汉政府对西域的管辖的史实。知道刘彻在中国的历史上是一位非常优秀的皇帝，他的治理给西汉王朝的繁荣打下了坚实的基础，让汉王朝成为中国历史上第一个发展高峰期。汉武帝在统治期间没有任人唯亲，他重用那些有才华的人，实事求是、打破旧俗，破格提拔有能力的下人，创下了空前的丰功伟绩，为西汉盛世奠定了坚实的基础。最后，让学生们在影片中了解了汉武帝，使之对历史人物有一定的评价能力。

丝绸之路上的"男神"——霍去病

王彬洁

课程目标:

讲述青年英雄霍去病的短暂一生及其英勇事迹。

教学重点:

通过课程让孩子们学习霍去病勇于开拓的精神和勇于奉献的精神。

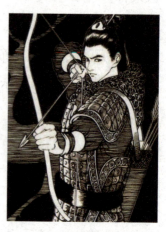

霍去病

霍去病

河东平阳(今山西临汾)人,西汉名将、杰出的军事家、民族英雄,官至大司马骠骑将军,封冠军侯。

骠(piào):1.形容马快跑。2.勇敢、骁勇。

　　(biāo):一种马的名字中有这个字(黄骠马)。

骑(qí):意思是:骑着、骑马的人。

骠骑(piào qí)将军:骑着马非常骁勇善战的将军。

冠军侯:是西汉曾经出现的列侯爵号,取"功冠全军"之意,这个侯爵是汉武帝专门为霍去病设立的。

第一次出征

18岁的时候，霍去病第一次随军出征，当时的将军是著名将领卫青，霍去病为卫青的副手。正是此战，霍去病一战成名，只率骑兵八百，直冲敌军腹地，歼灭敌军两千余人。之后，汉武帝亲自赐予他"冠军侯"的爵位。汉武帝

漠北战争

对此战十分满意，要以府邸来赏赐他，他却说出了一句豪气冲天的话："匈奴未灭，何以家为"！

第二次出征

19岁时，霍去病第二次率军出战征讨匈奴。之后，便被赐为骠骑将军。两次河西战争均取得胜利。作为军队的统领，霍去病仅一人闯入哗变的万人匈奴军营里，愣是让这些骁勇善战的匈奴人归降了汉朝，将整个河西走廊纳入汉朝的统治范围。

第三次出征

21岁时，他随大将军卫青一起率兵征战漠北，杀得匈奴军闻风丧胆，被称之为"不灭战神"。因此匈奴民间流传着这样一曲悲歌。

> ### 《匈奴歌》
> 失我焉支山①，令②我妇女无颜色③。
> 失我祁连山，使我六畜④不蕃息⑤。

注释：①焉（yān）支山：又叫燕支山、胭脂山。焉支山北面生长一种红花，它的花可以制胭脂和红色颜料。匈奴族妇女采集红花的花瓣制成胭脂，作为化妆用品。②令：使。③颜色：指胭脂，一种红色的化妆用品。④六畜：马、牛、羊、猪、狗、鸡六种家畜。这里泛指牲畜。⑤蕃（fán）息：繁殖生长。

《匈奴歌》是汉代匈奴人创作的一首歌谣。汉武帝派卫青、霍去病带兵出击匈奴，夺取焉支山和祁连山。匈奴人悲伤作此歌。《匈奴歌》仅四句24个字，却以哀婉的语调，表达了匈奴族人对故土、对生活的眷恋和热爱。

成语：
封狼居胥

马踏匈奴

原指汉大将霍去病登狼居胥山筑坛祭天以告成功之事，后来成为华夏民族武将的最高荣誉之一。

霍去病墓

霍去病墓

元狩六年（公元前117年），霍去病因病去世，年仅24岁。武帝很悲伤，最后将霍去病的坟墓外形修成祁连山的样子，并追谥为景桓侯。

霍去病墓位于今陕西省兴平市东北约15公里处。

在兰州的五泉山上，我们可以看到一尊尊霍去病的雕像，霍去病的故事永远留在我们的心里！

霍去病雕像　五泉山

"霍去病西征"青铜塑像

2013年8月6日，一尊"霍夫病西征"的大型青铜塑像矗立于兰州市天水北路高速路口。这尊塑像高26米，气宇轩昂的霍去病手持长矛，骑于马上，众将士则个个威猛剽悍。整个雕塑群给人一种昂扬的斗志和必胜的信念。

课堂小结 》

　　本课同学们了解到了霍去病的传奇人生，他十八岁便抗击匈奴，被封为冠军侯，成为了让匈奴人闻风丧胆的西汉名将。年轻的霍去病驰骋疆场，戎马一生，保家卫国战无不胜。少年强则国强，作为新时代的少年，我们是国家的希望，所以我们更要好好学习，成为祖国的接班人！

丝绸之路上的"男神"——班超

王 岚

课程目标：

　　1.通过本节课的学习，掌握历史上班超的事迹以及和他有关的成语典故，提高学生通过人物了解历史的能力。

　　2.将书本中的历史人物与丝绸之路上的历史地理联系起来，通过班超的故事串联丝绸之路上的多民族历史关系，学习班超出其不意、屡建奇功的英雄特征。

教学重点：

　　本节课的知识重点为通过班超投笔从戎、出征西域的历史故事，学习他为西域回归、促进民族融合做出的巨大贡献。

班超

　　东汉大将、外交家，扶风安陵(今陕西咸阳东北)人。公元73年，随窦固出击北匈奴获胜。又奉命出使西域，帮助西域各族摆脱匈奴的束缚和奴役，使"丝绸之路"重获畅通，后被任命为西域都护。班超曾派副使甘英出使大秦(罗马帝国)，至今波斯湾而归。他在西域活动31年，使西域与内地的联系更加密切。

班定远(班超)

班超："你知道吗？我家人超厉害的！"

我爸是班彪，东汉时的史学家、文学家。

我大哥是班固，《汉书》的作者，又擅长写赋，是伟大的史学家、文学家。

我妹妹是班昭，是历史上有名的才女，也是史学家、文学家。

班彪

班固

班昭

我年轻的时候也曾是个安静的美男子，每天抄抄写写，吟诗赋词。

班超

然而人总要长大，我终于决定——投笔从戎。

投笔从戎：扔掉笔去参军。指文人从军。

典故出处：《后汉书·班超传》：（班超）家贫，常为官佣书以供养。久劳苦，尝辍业投笔叹曰："大丈夫无他志略，犹当效傅介子、张骞立功异域，以取封侯，安能久事笔研间乎？"后立功西域，封定远侯。因此"投笔从戎"为弃文就武的典故。

文言译注：东汉班超家境穷困，在官府做抄写工作，曾经掷笔长叹说："大丈夫应当在边疆为国立功，像傅介子、张骞一样，哪能老在笔砚之间讨生活呢！"

班超出使西域

班超出使西域线路图

　　永平十六年（73年），奉车都尉窦固出兵攻打匈奴，班超随从北征，在军中任假司马（代理司马）之职。假司马官很小，但它是班超由文墨生涯转向军旅生活的第一步。班超一到军旅之中，就显示了与众不同的才能。他率兵进击伊吾（今新疆哈密西四堡），战于蒲类海（今新疆巴里昆湖），小试牛刀，斩俘很多敌人。窦固很赏识他的军事才干，派他和从事郭恂一起出使西域。

　　经过短暂而认真的准备之后，班超就和郭恂率领36名部下向西域进发。班超先到鄯善（今新疆罗布泊西南）。鄯善王对班超等人先是嘘寒问暖，礼敬备致，后突然改变态度，变得疏懒冷淡。班超凭着自己的敏感，估计必有原因。他对部下说："难道没有觉察出鄯善王对待我们的礼节疏薄了吗？这一定是匈奴的使者来了，他犹豫不决，不知何去何从。聪明人在事情还没有发生前就能觉察出来，何况现在形势已经很明朗了呢？"

　　于是，班超便把接待他们的鄯善侍者找来，出其不意地问他："匈奴的使者已经来了好几天了，他们现在在哪里？"侍者仓促间难以置词，只好把情况照实说了。班超打听到匈奴的使者住地离这儿才30里地，知道鄯善王又是恨他们，又是怕他们，正为难着。班超把侍者关押起来，以防泄露消息。接着，立即召集部下36人，饮酒高会。饮到酣处，班超故意设辞激怒大家："你们跟我千辛万苦来到西域，想的就是为国立功。要是鄯善王把咱们抓起来送给匈奴，咱们连尸骨都要喂豺狼了，大家说该怎么办？"

众人都说："今在危亡之地，死生从司马。"班超说："不入虎穴，不得虎子。现在最好的办法，只有借着夜色用火攻击匈奴人，让他们不知道我们有多少兵力，一定非常震惊害怕，这样就可以把他们全部消灭。咱们杀了匈奴使者，鄯善王一定吓破苦胆，还能不归顺汉朝吗？"有部下说："应该和从事（郭恂）商量一下。"班超很生气，说："吉凶就在今天。从事是个文官，听到这个消息就怕了，咱们的计划肯定会泄露出去，咱们肯定是白死，连壮士也不是。"部下一致称是。

刚入夜，班超就带领着官兵直奔匈奴人的营地。正遇上大风呼啸，班超让10个人带着鼓藏到敌人帐篷的后面，跟他们约定说："看到大火烧起来后，你们一定要一起击鼓大喊。"20人带着刀枪弓弩等兵器埋伏在门两旁，他带着6个人顺风放火，房前屋后的人一齐击鼓呐喊。敌人惊吓得乱了营，逃遁无门。班超亲手杀了3人，官兵们斩杀了匈奴使者和部下30多人，其余的100多人全被大火烧死。

第二天，班超将此事报知郭恂。郭恂先是吃惊，接着脸上出现了不平之色。班超知道他的意思，既怕担责，又想分功。班超把手一举说："从事虽然没有参加这次行动，但还是有功的，班超不会独占功劳。"郭恂这才高兴起来。班超于是请来了鄯善王，把匈奴使者的首级给他看，鄯善王大惊失色，举国震恐。班超好言抚慰，晓之以理，鄯善王表示愿意归附汉朝，并且同意把王子送到汉朝做质子。

不入虎穴，焉得虎子：不进老虎窝，怎能捉到小老虎。比喻不亲历险境就不能获得成功。

典故出处：《后汉书·班超传》："超曰：'不入虎穴，不得虎子。当今之计，独有因夜以火攻虏，使彼不知我多少，必大震怖，可殄（tiǎn）尽也。'"

班超的历史评价

班超为人有大志，不修细节，但内心孝敬恭谨，审察事理。他口齿辩给，博览群书。不甘于为官府抄写文书，投笔从戎，随窦固出击北匈奴，又奉命出使西域，在31年的时间里，平定了西域50多个国家，为西域回归、促进民族融合做出了巨大贡献。官至西域都护，封定远侯，世称"班定远"。

1.用所学成语造句。

2.说说班超是一个怎样的人。

课堂小结 》

通过详细介绍班超出使西域的故事，了解到他实现了自己的豪言壮志："不入虎穴，焉得虎子。"最终用少数人马战胜了占人数优势的匈奴人，恢复了东汉对西域的管辖。而班超经营西域30年，使东汉和西域的经济文化交流得以继续和发展，捍卫了"丝绸之路"，巩固了西部边疆，进一步促进了中国与西亚各国的经济文化交流。

丝绸之路上的"男神"——玄奘

陈欣媛

课程目标：

1. 学习有关玄奘的基本知识，了解玄奘的品行，提高学生解决实际问题的能力。

2. 通过本节课的学习，增强学生的学习兴趣，将书本中的历史人物与今天的美好生活通过丝绸之路这条主线联系起来，学习古人坚韧不拔的精神。

教学重点：

1. 玄奘的西行路线以及他在途中的遭遇，以此衬托出他虔诚的精神。

2. 玄奘西行取经的历史意义。

玄奘

动画片《西游记》中的玄奘形象

玄奘（602—664），别称唐三藏，唐代高僧。

玄奘是汉传佛教史上最伟大的译经师之一，是中国佛教法相唯识宗的创始人，也是中国古典小说四大名著之一《西游记》中核心人物唐僧的原型。

我国的四大名著是什么？

_____

_____

_____

_____

三国演义	水浒传	西游记	红楼梦
桃园结义	武松打虎	孙悟空大闹天宫	黛玉葬花
煮酒论英雄	拳打镇关西	三打白骨精	宝玉摔玉
三顾茅庐	智取生辰纲	偷吃人参果	刘姥姥进大观园
草船借箭	醉打蒋门神	三借芭蕉扇	宝钗扑蝶
火烧赤壁	三打祝家庄	真假孙悟空	香菱学诗
……	……	……	……

玄奘的故事

【西行求法】玄奘立志赴天竺

玄奘小的时候父母双亡，只好与哥哥相依为命，在洛阳的寺庙里当做杂活的"小沙弥"。12岁时，他剃度为僧，诵读佛教经典，天资聪慧又勤奋的玄奘拜访名师游学7年，与许多高僧探讨佛教问题，可是他心中一直有些疑问谁也没有给他答案。好学的玄奘听说在遥远的天竺（今天的印度）有一个佛教圣地：那烂陀寺。那里有许多佛教的书籍，有许多得道高僧，是佛教的高等学府，玄奘便暗自下定决心，想要去天竺看看。

【关卡森严】虔诚信徒暗相助

那个时候的古人出国也需要先提出申请，获得通关的文书方可通行。可是当时唐朝西边和北边经常发生战乱，皇帝轻易不允许平民通行，私自出行的人都会被拘捕，甚至会被射杀。玄奘走到了边关城市凉州（今天甘肃武威），却因为未获通关文书，加之关卡森严，万般无奈之下，只得在凉州停留下来。

当地很有名望的慧威法师得知玄奘西行的梦想和在凉州的窘迫后，暗中派了两位弟子，在一个月黑风高的晚上送玄奘出凉州城，玄奘3人胆战心惊地沿着乡间小道一路向瓜州前进，心中不免对未来漫长的旅途忧心忡忡。

【沙漠晕倒】所幸老马会识途

玄奘出了玉门关后，来到今天新疆哈密与甘肃交界处的哈顺沙漠，在古代叫做"莫贺延碛"。那里黄沙漫天，烈日炎炎，上不见飞鸟，下不见走兽。玄奘独自一人，牵着一匹瘦弱的老马，在沙漠里不但迷了路，还失手倒翻了唯一的饮用水。行走了四日五夜，玄奘滴水未进，终于体力不支，晕倒在茫茫黄沙之中。

不知道昏迷了多久，玄奘感觉空中似乎吹来了一股凉爽的风，他挣扎着站起来，继续跟随着他的马向前走去，没想到，这匹老马竟然在沙漠当中找到了绿洲和水源！玄奘坚忍不拔的毅力感动了上天，历尽艰险之后，终于走出这片满布流沙的死亡之地，抵达高昌国。

【绝食明志】高昌国王难挽留

高昌在今天的新疆吐鲁番附近，高昌国国王也笃信佛教，听说玄奘是大唐来的僧人，不但日日请他讲经，还百般劝说玄奘放弃西行的想法，甚至强行要让他留在高昌国。玄奘经历了如此多的磨难，心中早已对西行下定决心。他为了向高昌国王表示自己的心愿，3日食水未进，以绝食明志，发誓要西行取经。高昌王拗不过玄奘，只好同意他离开高昌，高昌王为玄奘筹备了大量西行的人力和物资，还为玄奘准备了24封国书和24份礼物，请求沿途的各个国家多照料法师一行。

【饥寒交迫】大雪山险些送命

玄奘带着大队人马一路向西顺畅无比，在沿途的龟兹国受到国王热烈的欢迎。但当玄奘抵达葱岭北边的凌山时，又一次感受到了大自然的残酷和无情。

凌山被厚厚的积雪覆盖，悬崖峭壁，风雪交加，巨大的雪块会忽然滚落；脚下的冰层会忽然断裂，有人被狂风刮下山崖；有人掉进深不见底的冰洞；还有人被风雪无情地冻死在凌山。从高昌国带来的钱财几乎散尽，随从死伤惨重，玄奘在大雪山中行走了七天七夜，自己也险些送命。

玄奘证明了在野蛮的突厥人的控制下，还是可以突破封锁抵达天竺的。并向唐王朝传回了西域36国的政治、社会经济、军事、隶属等实际情况和地理路线资料等等。后来，唐太宗参考玄奘的建议，开展了对西域的外交、军事活动，打破突厥人对西域的封锁和独占，发展与西域的交流活动。在唐前中期，西域和唐帝国的佛法达到最鼎盛、昌明的时期。

课堂小结 »

  通过讲述玄奘西行取经的艰苦过程及西行取经的巨大影响，了解玄奘百折不挠的精神以及他对佛教的发展和东西方文化交流所做出的卓越贡献。

丝绸之路上的"男神"——郑和

崔寅丽

课程目标:

1. 了解郑和下西洋的背景和目的。
2. 掌握郑和下西洋的史实,以及对丝绸之路的贡献。

教学重点:

郑和下西洋的目的及对东西方文化交流的贡献。

姓名:郑和(1371—1433)　　曾用名:马三保
出生地:云南昆阳　　信仰:伊斯兰教
职业:航海家、外交家、宦官　　朝代:明朝
主要成就:七下西洋

郑和雕像

郑和下西洋的动机和目的

宣扬明朝国威

扩展朝贡贸易

寻找失踪的建文帝

加强同各国的联系

郑和带领船队七次下西洋

规模最大的时候，会出动200多艘大型船只，超过27000多人。

郑和船队专门有船只携带马匹

郑和船队在陆地上，拥有交通工具，进行战斗的时候，也可以组成骑兵。

怎么解决饮水问题呢？

郑和船队有专门的水船，每到一个地方，都会给专门的水船装满清洁的淡水。

郑和船队平均每150人，会配备一名医生

这些细节结合在一起，构成郑和七下西洋，没有构成大的损失的根本原因。

郑和七下西洋

1.明朝时，郑和共几次下西洋呢？

A. 三次　　　　　B. 八次　　　　　C. 七次

2.郑和下西洋时最多带了多少人？

A. 两千多人　　　B. 两万多人

C. 二十多万人

3.哪位皇帝在位时派郑和下西洋呢？

A. 朱允炆　　　　B. 唐玄宗　　　　C. 朱棣

瓷器的发展

从历史文献和考古资料来看，中国瓷器的对外输出与海上丝绸之路的发展密切相关。瓷器是海外贸易中十分重要的输出商品。宋代，朝廷注重对外贸易，实施"来远人，通货物"的商业政策，并专门设立管理海外贸易的机构，海外贸易大为扩展，亦促使制瓷业蓬勃发展。据南宋人赵汝适《诸蕃志》记载，中国瓷器已销往30

龙泉窑青釉瓷匜
金代
甘肃省博物馆藏

多个国家和地区，番商不惜代价做青白瓷交易。南宋开始，经济中心逐步南移，以龙泉窑、景德镇窑为核心的外销瓷产区工艺逐渐成熟，产量急剧增加，主导了这一时期的陶瓷海上贸易，并涌现出一批专门生产外销瓷的窑场，中国瓷器由此进入大规模外销的阶段。

龙泉窑，窑址在浙江省龙泉市。甘肃省博物馆收藏有一件龙泉窑青釉瓷匜，其显著特点是器身布满冰裂纹，也就是我们俗称的"开片"。早先，工匠在烧瓷时，由于对温度等因素没有把握到一定程度，所以无意间出现了这种裂纹；但到了后期，这种纹理成为一种独特的制瓷审美追求，冰裂纹独特的纹理，像我们每个人的指纹一样，是独一无二的。

磁州窑虎纹瓷枕
宋代
甘肃省博物馆藏

磁州窑、耀州窑等北方窑口生产的瓷器也广泛行销海外。甘肃省博物馆收藏有一件磁州窑虎纹瓷枕。磁州窑主要集中在河北磁县一带，在古代称为磁州。磁州窑是北方最大的一个民窑窑系，它的分布区域很广，包括河北、山西、山东、河南等地。磁州窑最大的特色是白底黑彩。瓷枕在中国古代非常流行，是夏季用来驱暑乘凉的佳品。这件瓷枕上面绘一猛虎卧在山林间休息，上方题"明道元年巧月造，青山道人醉笔于沙阳"，底部有"张家造"印，正前方描绘的是竹枝和兰花。这种粗犷洒脱又不失率真的笔法，是磁州窑一个非常典型的特色。

甘肃省博物馆还收藏有一件耀州窑青釉刻花牡丹纹碗和一件耀州窑青釉卧狮盏。耀州窑主要集中在陕西铜川一带。耀州窑的特色是流畅又清晰的绿釉，花纹主要以缠枝牡丹纹为主。这种花纹有两种制作方式，一种是刻花，一种是印花。刻花是当时的人拿着刀斜向入刀，施釉后，在刀口深的地方会有积釉现象，烧制好的瓷器花纹会非常有立体感。印花则是先要有一个陶土或有木制作的范，然后在范上雕刻好花纹，最后再把这个花纹印到瓷坯上，成为一个压印的花纹。

耀州窑青釉刻花牡丹纹碗（北宋）
甘肃省博物馆藏

079

耀州窑青釉卧狮盏（金代）
甘肃省博物馆藏

课堂小结 »

郑和下西洋是世界航海史上的壮举，推进了中国与亚非国家的往来，开辟了西太平洋和印度洋的海上航线，为人类航海事业和东西方文化交流做出了伟大贡献。

国家宝藏——铜奔马

党雄伟

课程目标:

　　铜奔马作为甘肃省博物馆的镇馆之宝，曾经登上央视《国家宝藏》节目。本次课程希望学生通过这件精美的青铜器了解甘肃悠久的历史和璀璨的文化。

教学重点:

　　讲述铜奔马的出土地、造型特点及被评为中国旅游标志的原因。

我们是一堂年轻的课

到底有多年轻，上下 5000 年！

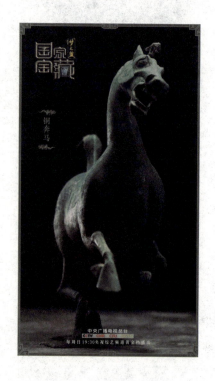

《国家宝藏》节目宣传海报

　　同学们，你们看过《国家宝藏——甘肃省博物馆》这一期节目吗？

　　谁能说出《国家宝藏——甘肃省博物馆》讲述了甘肃省博物馆的哪三件藏品？

　　节目中铜奔马的守护人，为我们演绎了非常精彩的前世故事，让我们带着问题，走进历史，探索铜奔马的前世传奇吧！

铜奔马

1969年出土于甘肃省武威市雷台汉墓，墓主人是东汉晚期曾任张掖地区军政长官的一位张姓将军。该墓藏共出土文物231件，青铜器170余件，还有28000多枚古钱币，堪称是一座蕴藏丰富的地下博物馆。

铜奔马通高34.5厘米，长45厘米。尾打飘结，三足腾空，右后蹄踏于一只飞鸟之上。我们可以看到鸟头是向回看的，展现马

铜奔马　东汉　甘肃省博物馆藏

的奔跑速度很快，飞鸟惊愕回首的瞬间。铜奔马重达7.15公斤，这么重的重量和鸟的接触面积却很小，不足于1平方厘米的大小，说明古代工匠对于平衡力学掌握得很好。而铜奔马的走姿和人们经常见到的马匹也不大一样。今天我们看到的马匹呈四足交错步奔跑，而铜奔马却是同一边抬起来或者放下去的，像人走路顺手顺脚似的。这其实是河西走马的优点——对侧步，这种马匹是真实存在的，优点就是稳度很高。古代作战多是骑兵，马的稳度高了，射箭的准度会高，军事力量会大大提升的。

问题一：西域良马是哪个朝代哪位皇帝在位时期引进的？

答：是西汉时期汉武帝在位期间引进的。

问题二：马在古代战争中的作用和地位是什么？

答：1.用来打仗的；

2.用来运输的；

3.用来邮驿，传递信息的。

铜奔马于1983年被定为中国旅游标志，1996年被定为国宝文物，2002年被定为首批不能出国外展的珍贵文物之一。

铜奔马的前世故事为我们展示出了祖先们曾经经历过的"铁马江河"，如今科技高速发展，战争中早已没有战马的身影，随之而来的是航母承载着的作战设备和海军精神。

中国旅游标志

中国航母

接下来请看中国航母的照片，你有什么感想吗？

没错儿，我们中国逐渐强大啦！

中国航母

古人引进天马、远征大漠、守卫疆土的家国情怀和今天海军战士努力提升科技水平、发展军备力量的共通之处就在于保家卫国的英雄气概和开拓进取的创新精神。

回首千年，铜奔马凝聚着的民族精神依然激励着我们，激发着我们的民族自豪感和爱国情怀，愿为中华民族的伟大复兴贡献一份自己的力量。

课堂小结 »

通过本次课程，让同学们认识国宝文物——铜奔马，在此基础上认识到甘肃深厚的文化底蕴，从而提升民族自豪感，实现馆校共建的深远目标。

国家宝藏——驿使图

王彬洁

课程目标:

    1. 了解壁画墓的知识和魏晋时期人们的生活状态。

    2. 了解壁画砖的绘制方法。

    3. 了解古代的驿传制度。

教学重点:

    通过文物了解文物背后的故事,增强孩子们的文化自信。

 首先让我们来了解一下壁画墓的知识!

1972年在嘉峪关新城堡附近陆续发现了许多壁画墓,所以被统称为嘉峪关魏晋壁画墓。

壁画内容多反映了早在1700年前的魏晋南北朝时期,地处甘肃河西地区的先民们的生产生活场景。展现了当时社会相对安定,经济和文化相对繁荣的景象。

魏晋壁画墓群延绵20多公里,出土墓葬1400多座,有"世界最大的地下画廊"之称。

向后世的人们展示着1700多年前河西走廊的详尽风貌。

双驼图　魏晋　甘肃省博物馆藏

宴居图　魏晋　甘肃省博物馆藏

烤肉煮肉　魏晋　甘肃省博物馆藏

牧畜图　魏晋　甘肃省博物馆藏

驿使图画像砖

砖上绘制了一位信使，他头戴黑帻，穿着一件黑领宽袖中衣，左手持棨（qǐ）传文书在马背上疾驰。五花马四足腾空，仿佛奔驰在戈壁绿洲的道路上。

驿使图　魏晋　甘肃省博物馆藏

棨传：当时通过关卡、驿站时的信物。

棨：1.古代用木头做的通行证，跟武器戟的样子相似；2.古代官吏出行的一种仪仗，木质。

《驿使图》中画师对马的刻画最为精彩。此马粗颈肥臀，鼻阔耳削，细腿小蹄，显然是一匹善于奔跑的良马。特别值得一提的是对马尾的处理，浓墨飞白，笔势如虹，一挥而就，飞速驰骋的雄姿被描绘得淋漓尽致。

此画同大多数墓画砖一样，使用了勾填法，即先以土棕色颜料起稿，再用墨线勾勒人物、景象的轮廓，然后在其中填绘相应的色彩。勾填法的关键是轮廓勾勒，要求画师先有意象在胸，操作一笔到位，达到流畅洗练，形神相融的效果。魏晋壁画所崇尚的这种艺术风格，在这幅《驿使图》中得到了高度体现。

1982年邮电部发行的《驿使图》纪念邮票

1995年中国邮政《驿使图》储蓄绿卡

1982年5月，中华全国集邮联合会第一次代表大会在北京开幕，为纪念这一集邮文化界的盛世，原邮电部门选中《驿使图》为邮票图案，专门单独发行《中华全国集邮联合会第一次代表大会》纪念小型张一枚。此枚邮票一问世就受到集邮者的喜爱，一般公众也争相购藏。自此，"驿使图"便悄然成为中国邮政的"形象大使"。

通过视频回顾一下《国家宝藏》驿使图的前世今生。

1. 这块砖在我国邮政史上具有重大意义，请问在哪一年邮电部以驿使图为原型发行了什么？

答案：1982年发行一枚面值一元的小型张纪念邮票。

2. 1995年驿使图又代言邮政储蓄绿卡，并成为我国什么行业的形象大使？

答案：中国邮政。

驿传制度

中国是世界驿传开始最早的国家之一，历代王朝都很重视邮驿。早在3000多年前的商代，这种由国家统一组织、掌管的信息传递方式就已经初步形成。魏晋时期，中原地区战乱不断，但是河西走廊地区却相对安定，这里的邮驿传递也非常畅通。据汉简史料记载，当时从长安到敦煌的这条丝绸之路上，共设有80多处类似的邮驿。驿使图画像砖真实地再现了当时邮驿人员风驰电掣的传递速度，和昼夜不停、风雨兼程向远方递送官府各种公文文书的场面。我们的祖先在相当长的一段时间使用烽火传递信息，但这种方式有许多的局限性，因此，政令的传达、军情的递送、经济的交流都要通过邮驿得以完成。

最后，咱们来对比看看古代和今天咱们通信工具。烽火相当于网络（微信、5G手机通讯），属于隔空传送；飞鸽传书相当于快递（飞机、火车运输）；邮驿相当于快递（汽车运输），属于通过载体传送。

课堂小结 »

通过这堂《驿使图》课程，让孩子们了解到我国邮驿制度经历了3000多年的发展，一直到清朝中叶才逐渐衰落，被现代邮政取代。《驿使图》生动再现了距今1600多年前中国的邮驿情形，被认为是中国发现最早的古代邮驿的形象资料。1982年，《驿使图》小型张纪念邮票发行，纪念中华全国集邮联合会第一次代表大会的召开。此外，通过这幅壁画砖，还可看出甘肃曾是邮驿的兴盛之地。作为古代丝绸之路的必经之地，甘肃自古以来就是中西交通的咽喉要道，历代王朝于此多设关隘要塞，境内遍布古代烽燧和邮驿，尤其河西走廊更是有着"五里一燧，十里一墩，三十里一堡，百里一城塞"的壮观景象。

国家宝藏——人头形器口彩陶瓶

赵 薇

课程目标:

　　通过本次课程，希望学生可以通过观看人头形器口彩陶瓶《国家宝藏》节目，了解这件精美的彩陶、了解甘肃的彩陶文化。

教学重点:

　　在学生们了解人头形器口彩陶瓶后，从它特殊的造型和悠久的历史文化中，感受甘肃8000年前就是文明曙光的发源地，了解黄河文明的发展和影响力。

我国的陶器产生于什么时间？

　　陶器是人类的伟大发明。约一万多年前，由于定居生活烧煮食物的需要，人类开始尝试生产陶器。经过数千年的实践和摸索，人们逐渐认识了天然矿物颜料的特性，在先民对美的渴望和追求中，彩陶应运而生。

猪面纹细颈彩陶壶
仰韶文化早期
距今 7000—6000 年
甘肃省博物馆藏

彩陶

在古代陶器中，彩陶是原始文化的重要标志，是新石器时代彩绘陶器的总称。彩陶是在烧制前用红黑矿物质做色料，在陶胎上绘制各种装饰纹样，烧后洗刷不脱落。陶器的出现，标志着新石器时代的到来。原始陶器主要是生活用品，人类在长期实践中对陶器进行了装饰，逐渐形成了实用和审美的有机结合。

旋涡尖底彩陶瓶
马家窑文化马家窑类型
甘肃省博物馆藏

陶器与瓷器的区别是什么？

我们在日常生活中听到的是"陶瓷"，其实是陶器与瓷器的统称，从发展的历程来看是先有陶器，后有瓷器。

区别	陶器	瓷器
材料	黏土	高岭土
温度	700～900度	1200度以上
釉	上低温釉或不上釉	上高温釉
声音	雄浑	清脆
硬度	质地软、吸水	质地硬、不吸水
光泽	吸收光线	反光强、半透明

甘肃为什么被称作彩陶之乡？

距今8000年前后，以甘肃秦安大地湾为代表的渭河流域先民成功地生产了中国第一批彩陶，这也是世界上最早的彩陶之一。甘肃彩陶自新石器时代早期开始，终结于青铜时代，历经5000多年漫长岁月，可谓源远流长，是中国彩陶延续时间最长的地区。

甘肃彩陶以众多的类型、丰富的器形、绚丽的图案、悠久的历史而著称于世，成为古代彩陶艺术宝库中的瑰宝，也是中华传统艺术中最重要的组成部分。

三足圜底钵
大地湾文化一期
甘肃省博物馆藏

甘肃彩陶的几个重要阶段

1.大地湾文化，距今约8000—7000年 ；

2.仰韶文化（大地湾文化第二期、第三期、第四期），距今7000—5000年；

3.马家窑文化，距今5000—4000年；

4.齐家文化，距今4300—3900；

5.四坝文化，距今3900年—3500年 ；

6.辛店文化，距今3600年—2600年；

7.沙井文化，距今3000—2400年。

大家知道甘肃彩陶的制作工艺吗？

捏塑	堆塑
贴塑	雕刻
镶嵌	镂空

陶塑古风

甘肃陶塑在中国艺术史上占有重要的地位，题材主要为人物、动物形象。反映了史前先民的自我存在意识、日趋丰富的审美情趣以及某种原始宗教信念。

红陶人头像
仰韶文化
甘肃省博物馆藏

人头形器口彩陶瓶

很久以前，在甘肃秦安生活着淳朴的大地湾先民，他们日出而作，日落而息，在长期的劳动和实践中创造了辉煌的远古文化及其灿烂的彩陶艺术。在大地湾出土的众多彩陶中，最引人注目的就是这件罕见的艺术珍品——人头形器口彩陶瓶。

人头形器口彩陶瓶
仰韶文化
甘肃省博物馆藏

人头形器口彩陶瓶细节展示

1973年它出土于秦安县五营河畔，属于仰韶文化的庙底沟类型，距今5800年左右。

陶瓶由细泥红陶制成，器表打磨得非常光滑，腹部向外突出。口部被制成圆雕的人头像，额前脑后短发整齐，眼睛镂空，嘴巴微微张开。用来垂系装饰物的耳孔，反映出我们的祖先对美的认识和追求。

陶瓶口部的人头像，运用了不同的创作手法。头发和嘴是雕成的，而鼻子、额头和脸部却是堆塑的，五官安排得停匀恰当，这些都充分显示出原始社会陶工惊人的洞察力和中国雕塑艺术的源远流长。

甘肃地区的庙底沟类型彩陶，明显受到中原地区的影响。彩陶花纹中出现了变体鸟纹，花纹由原先以直线为主变为以弧线为主。许多图案采取了自由的格式，将圆点、弧边三角、弧条和斜线组成生动活泼的图案纹样。

在大地湾遗址出土的上千件陶器中，塑有人像的彩陶瓶仅此一件，该器物也许和原始宗教祖先崇拜有关。

课堂小结 》

通过学习这件罕见的艺术珍品，体会从它身上反映出的我们祖先对美的认识和执着追求。特别是陶瓶口部的人头像，运用了不同的创作手法。头发和嘴是雕成的，而鼻子、额头和脸部却是堆塑的，五官安排得停匀恰当，这些都充分显示出原始社会陶工惊人的洞察力和中国雕塑艺术的源远流长。

温故而
知新

WENGUER

ZHIXIN

万里长城

徐 静

课程目标:

1. 了解长城的概貌、构造以及历史等。
2. 指导学生图文对照,学习由远及近、由整体到部分的观察方式。
3. 通过读文讨论,激发学生的民族自豪感和爱国主义情感。

教学重点:

使学生认识到古代建筑的奇巧,了解长城的伟大历史和政治意义。

长城简介

长城是中华民族的象征,是我们伟大祖国的象征。2100多年前,秦始皇统一中国后,为了抵御外来侵略,下令修筑长城。后来汉代、明代连续修筑长城,现在我们看到的明长城东起山海关,西至嘉峪关,蜿蜒一万三千余里。

长城之旅第一站——"远看长城"

长

远看长城，像一条长龙，在崇山峻岭之间蜿蜒盘旋。从东头的山海关到西头的嘉峪关，有一万三千多里。

高大坚固

八达岭长城，高大坚固，是用巨大的条石和城砖筑成的。城墙顶上铺着方砖，十分平整，像宽阔的马路，五六匹马可以并行。

站在长城上，踏着脚下的方砖，扶着墙上的条石，很自然地想起古代修筑长城的劳动人民来。

长城之旅第二站——"近看长城"

公元607年，暴虐荒淫的隋炀帝杨广发动人民修筑长城，死亡人数多达六七十万人。当时隋朝总人口约4000万，筑长城的死亡人数占总人口的1.7%，也就是说，平均每百人死一个半。

据统计，中国历史上有二十多个朝代修筑过长城，累计总长度在十万里以上，仅以明朝所筑的长城粗略估计，将长城的砖石、土方来修一道厚1米、高5米的墙，则可环地球一周有余。如用来铺筑一条5米宽、厚35厘米的马路，则可绕地球三四周。

城墙外沿有两米多高的成排的垛子，垛子上有方形的瞭望口和射口，供瞭望和射击用。城墙顶上，每隔三百多米就有一座长方形的城台，是屯兵的堡垒。打仗的时候，城台之间可以互相呼应。

方形城台

瞭望口

射口

成排的垛子

　　八达岭城墙高6米～9米，最高处达10米，墙体都用抗腐蚀、抗风化、性能好、硬度高的花岗岩包砌，石条最长3.1米，重1.5吨～1.7吨，墙体填满泥土和石块，用夯筑石；墙的上面填三四层方砖封顶，用糯米碴石灰粘接灌缝，城墙三面风雨不透。

长城之旅终点站——"遥想当年"

单看这数不清的条石，一块就有两三千斤重。那时候没有火车、汽车、起重机，就靠着无数的肩膀无数的手，一步一步地抬上这陡峭的山岭。多少劳动人民的血汗和智慧，才凝结成这前不见头、后不见尾的万里长城。

公元555年，北齐王朝修筑从居庸关到大同一段约450千米的长城，就征调民工180万。

万里长城

名人留言

只有一个伟大的民族，才能造得出这样一座伟大的长城。

—— 美国前总统尼克松

这是世界上最伟大的工程，在其他地方我从未见过类似的杰作。

—— 俄罗斯前总统叶利钦

设计者太伟大了，长城不愧为世界奇迹！

—— 以色列前总理拉宾

课堂小结 》

本课按照由远及近、由整体到部分的顺序介绍了长城气势雄伟的远景和高大坚固的近景，使学生认识到长城是中国古代劳动人民血汗和智慧的结晶，是世界历史上的伟大奇迹，激发学生的民族自豪感，感受到爱国主义教育。

秦兵马俑

党雄伟

温故而知新

课程目标:

1. 了解秦兵马俑的艺术特点。

2. 通过观看影像、图片，了解雕塑艺术的特征，并提高学生的审美能力。

3. 唤起学生对中国古代珍贵艺术品的重视，增强学生的文物保护意识。

教学重点:

了解兵马俑是古代墓葬雕塑的一个类别，引导学生学会欣赏和评述一件雕塑作品。

秦始皇

秦始皇，嬴姓，名政。秦庄襄王之子。出生于赵国都城邯郸，13岁继承王位，39岁称皇帝，在位37年。中国历史上著名的政治家、战略家、改革家，首位完成华夏大统一的政治人物。建立了第一个多民族的中央集权国家，曾采用三皇之"皇"、五帝之"帝"构成"皇帝"的称号，是古今中外第一位尊称"皇帝"的封建王朝君主。

秦始皇

秦始皇在中央创建皇帝制度，实行三公九卿，管理国家大事。地方上废除分封制，代以郡县制，同时书同文，车同轨，统一度量衡。对外北击匈奴，南征百越，修筑万里长城，修筑灵渠，沟通水系。通过他的统治把中国推向大一统时代，为建立专制主义、中央集权制度开创新局面，对中国和世界历史产生深远影响，奠定了中国两千余年政治制度基本格局，他被明代思想家李贽（zhì）誉为"千古一帝"。

兵马俑的由来

兵马俑，即秦始皇兵马俑，位于今陕西省西安市临潼区秦始皇陵以东1.5公里处的兵马俑坑内。

秦始皇陵兵马俑1号坑

兵马俑是古代墓葬雕塑的一个类别。古代实行人殉，奴隶是奴隶主生前的附属品，奴隶主死后奴隶要作为殉葬品为奴隶主陪葬。兵马俑即用陶土制成兵马（战车、战马、士兵）形状的殉葬品。

1974年3月11日，兵马俑被发现；1987年，秦始皇陵及兵马俑坑被联合国教科文组织批准列入《世界遗产名录》，并被誉为"世界第八大奇迹"。先后已有200多位国家领导人参观访问，成为中国古代辉煌文明的一张金字名片。

挖掘兵马俑

这些兵马俑有多大？　　　　　　●　　●　前三排和后三排。

在整个队列中弩兵的位置在哪里？　●　　●　这些兵马俑和真人一般大。

一号墓葬坑中总共有多少尊兵马俑？●　　●　共有6000多尊。

姿态各异的陶俑

牵马俑

跪射俑

立射俑

将军俑

军士俑

驭手俑

武士俑

温故而知新

099

你来比画我来猜

游戏规则：

选出十位同学分两组同时参加游戏，其中一位根据老师的卡片内容做动作，另一位同学说出这个动作是什么陶俑，每位同学说一次，可循环，最后说出最多陶俑的一队获胜。

恢宏的墓葬坑

课堂小结 》

通过学习兵马俑这一课，让学生们了解秦王朝的强盛，了解秦始皇为后世所做的历史贡献，同时也反映出秦朝雕塑艺术的高超水平，体现劳动人民的智慧，有利于了解秦朝历史。

曹冲称象

赵 薇

课程目标：

1. 语文课运用数学原理，让同学们认识学科之间的互通性。

2. 鼓励学生要善于观察生活中的点滴，把学到的知识运用到生活当中，做到学以致用。

教学重点：

讲述曹冲是通过怎样巧妙的方法称出大象的重量的，以此总结出故事中所用的物理原理——等量代换。

古时候有个人叫曹操，有人送他一头大象。曹操很高兴，带着他的儿子和官员们一起去看大象。这头大象又高又大，身子像一堵墙，腿像四根柱子。官员们边看边议论：

这么大的象到底有多重呢？

曹操问："谁有办法把这头大象称一称呢？"

有人说："得造杆大秤，砍一棵大树做秤杆。"

有人说："那也不行，谁有那么大的力气提得起这杆大秤呢？"

也有人说："办法倒是有，就是得把大象宰了，一块一块去称。"

曹操听了直摇头。

官员们想的是什么办法呢？

秤杆

gǎn chèng
一杆秤

秤杆

gē
割

zǎi
宰

称：测定重量

秤：测定物体重量的器具

曹操的儿子曹冲才七岁，他站出来说："我有个办法。先把大象赶到一艘大船上，看船身下沉多少，就在下沉处画一条线，再把大象赶上岸，往船上装石头，直至船身下沉到水面与画线齐平的地方。石头一共多重，大象就有多重。"曹操叫人用曹冲的方法去做，果然称出了大象的重量。

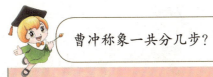

曹冲称象一共分几步？

赶象上船　　船沉画线　　装石到线　　称石累加

读读官员们提出的称象方法，联系曹冲的办法，说说他的办法妙在哪里？

以船代 秤盘　　　以石代 象　　　以水代 人

不用宰象就可以知道它的重量。

1. 是谁要称大象？

2. 这头大象长得怎么样？

3. 有哪些人提出了称大象的方法？都是什么方法？

4. 最后谁的办法称大象成功了？为什么？

等量代换

有一天，爱迪生拿了个梨形灯泡，请他的同事阿普顿测算一下灯泡的容积。由于灯泡的形状很不规则，测算起来十分烦琐而复杂。爱迪生走到阿普顿跟前一看，观察和沉思了一会后，笑着说："阿普顿，你是否可以换用另一种方法计算呢？"接着，爱迪生取来一杯水，给阿普顿刚才反复测算的玻璃灯泡里注满水，然后再把水倒入量筒，几秒钟就测量出水的容积，当然也就是玻璃灯泡的容积了。

发散思维

$\triangle + \square = 8$

$\triangle = \square + \square + \square$

$\triangle = ?$ $\square = ?$

🍌 + 🍎 = 4

🍌 = 🍎

🍎 = ?   🍌 = ?

一壶水可以倒2瓶水，

一瓶不可以倒8杯水，

一壶水可以倒（　）杯水。

从曹冲和爱迪生身上我们学习到了什么？

_____

_____

_____

课堂小结　》

通过本课，让同学们学到等量代换的方法，并将其运用到生活中，将复杂的问题简单化。

草船借箭

党雄伟

课程目标：

　　通过复述《三国演义》中草船借箭的故事，让同学们情景还原故事的背景、经过、结果，从而感受诸葛亮神机妙算的本事，传递正确的价值观。

教学重点：

　　识别文中各种人物的特征，引导同学们思考长大以后想要成为什么样的人。

　　今天讲的是我国四大名著之一《三国演义》中的一个故事。

　　故事发生在东汉末年，当时曹操刚打败刘备，又派兵进攻孙权。于是刘备和孙权联合起来共同对抗曹操，刘备派诸葛亮到孙权那里帮助作战时发生的故事……

草船借箭

　　周瑜看到诸葛亮挺有才干，心里很妒忌。

　　有一天，周瑜请诸葛亮商议军事，说："我们就要跟曹军交战。水上交战，用什么兵器最好？"诸葛亮说："用弓箭最好。"周瑜说："对，先生跟我想的一样。现在军中缺箭，想请先生负责赶造十万支。这是公事，希望先生不要推却。"诸葛亮说："都督委托，当然照办。不知道这十万支箭什么时候用？"周瑜问："十天造得好吗？"诸葛亮说："既然就要交战，十天造好，必然误了大事。"周瑜问："先生预计几天可以造好？"诸葛亮说："只要三天。"周瑜说："军情紧急，可不能开玩笑。"诸葛亮说："怎么敢跟都督开玩笑？我愿意立下军令状，三天造不好，甘受惩罚。"周瑜很高兴，叫诸葛亮当面立下军令状，又摆了酒席招待他。诸葛亮说："今天来不及了。从明天起，到第三天，请派五百个军士到江边来搬箭。"诸葛亮喝了几杯酒就走了。

鲁肃对周瑜说："十万支箭，三天怎么造得成呢？诸葛亮说的是假话吧？"周瑜说："是他自己说的，我可没逼他。我得吩咐军匠们，叫他们故意迟延，造箭用的材料，不给他准备齐全。到时候造不成，定他的罪，他就没话可说了。你去探听探听，看他怎么打算，回来报告我。"

鲁肃见了诸葛亮。诸葛亮说："三天之内要造十万支箭，得请你帮帮我的忙。"鲁肃说："都是你自己找的，我怎么帮得了你的忙？"诸葛亮说："你借给我二十条船，每条船上要二十名军士。船用青布幔了遮起来，还要扎多个草把子，排在船的两边。我自有妙用。第三天管保有十万支箭。不过不能让都督知道。他要是知道了，我的计划就完了。"

鲁肃答应了。他不知道诸葛亮借船有什么用，回来报告周瑜，果然不提借船的事，只说诸葛亮不用竹子、翎毛、胶漆这些材料。周瑜疑惑起来，说："到了第三天，看他怎么办！"

鲁肃私自拨了二十条快船，每条船上配三十名军士，照诸葛亮说的，布置好青布幔子和草把子，等诸葛亮调度。第一天，不见诸葛亮有什么动静；第二天，仍然不见诸葛亮有什么动静；直到第三天四更时候，诸葛亮秘密地把鲁肃请到船里。鲁肃问他："你叫我来做什么？"诸葛亮说："请你一起去取箭。"鲁肃问："哪里去取？"诸葛亮说："不用问，去了就知道。"诸葛亮吩咐把二十条船用绳索连接起来，朝北岸开去。

这时候大雾漫天，江上连面对面都看不清。天还没亮，船已经靠近曹军的水寨。诸葛亮下令把船头朝西，船尾朝东，一字摆开，又叫船上的军士一边擂鼓，一边大声呐喊。鲁肃吃惊地说："如果曹兵出来，怎么办？"诸葛亮笑着说："雾这样大，曹操一定不敢派兵出来。我们只管饮酒取乐，天亮了就回去。"

曹操听到鼓声和呐喊声，就下令说："江上雾很大，敌人忽然来攻，我们看不清虚实，不要轻易出动。只叫弓弩手朝他们射箭，不让他们近前。"他派人去

旱寨调来六千名弓弩手，到江边支援水军。一万多名弓弩手一齐朝江中放箭，箭好像下雨一样。诸葛亮又下令把船掉过来，船头朝东，船尾朝西，仍旧擂鼓呐喊，逼近曹军水寨去受箭。

天渐渐亮了，雾还没有散。这时候，船两边的草把子上都插满了箭。诸葛亮吩咐军士齐声高喊"谢谢曹丞相的箭！"接着叫二十条船驶回南岸。曹操知道上了当，可是这边的船顺风顺水，已经驶出二十多里，要追也来不及了。

二十条船靠岸的时候，周瑜派来的五百个军士正好来到江边搬箭。每条船大约有五六千支箭，二十条船总共有十万多支。鲁肃见了周瑜，告诉他借箭的经过。周瑜长叹一声，说："诸葛亮神机妙算，我真比不上他！"

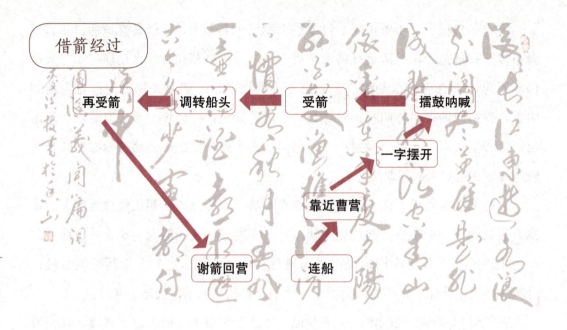

借箭经过

再受箭 ← 调转船头 ← 受箭 ←→ 擂鼓呐喊

一字摆开

靠近曹营

谢箭回营　连船

1. 你从哪里能够看到诸葛亮早就知道周瑜的险恶用心？

2. 诸葛亮明明知道周瑜暗藏杀机，鲁肃又是周瑜的心腹，为何还要请鲁肃帮忙？
他不怕鲁肃向周瑜告密吗？

3. 从诸葛亮这一大胆的行为中你感受到了什么？

课堂小结 》

　　学了课文我们知道了诸葛亮的足智多谋、料事如神的非凡才干。而周瑜嫉妒诸葛亮的才干，想设计陷害他。诸葛亮同周瑜斗智，在鲁肃的帮助下，用妙计向曹操"借箭"，挫败了周瑜的暗算，有胆有识、才智超群。

七律·长征

张丽娜

课程目标:

　　理解诗句的意思,体会中国工农红军战胜各种艰难险阻,完成二万五千里长征的革命英雄主义和革命乐观主义精神。

教学重点:

　　详细解读每句诗的意思,体会《七律·长征》的思想感情。

长征

　　1934年10月,共产党领导的中央主力红军为了摆脱国民党军队的"围剿",被迫实行战略大转移,从福建的长汀、宁化和江西的瑞金等地出发进行长征。其间经过福建、江西、广东、湖南、广西、贵州等地,突破国民党的围追堵截,翻越18座大山,跨过24条大河,走过荒无人烟的草地,行程约二万五千里,于1935年10月到达陕北,与陕北红军胜利会师。

红军长征爬雪山

举世闻名的长征是一部惊心动魄的史诗。《七律·长征》是毛泽东在红军战士越过岷山后，长征即将胜利结束时写下的，高度概括了红军长征的战斗历程。让我们朗读这首诗，感受红军的革命乐观主义精神和大无畏的英雄气概！

毛泽东

七律·长征

毛泽东

红军不怕远征难，万水千山只等闲。
五岭①逶迤腾细浪，乌蒙②磅礴走泥丸。
金沙③水拍云崖④暖，大渡⑤桥横铁索寒。
更喜岷山⑥千里雪，三军⑦过后尽开颜。

注释：

①五岭：越城岭、都庞岭、萌渚岭、骑田岭、大庾岭的总称。位于湖南、江西、广东、广西四省区交界处。

②乌蒙：即乌蒙山，位于贵州、云南两省交界处。

③金沙：即金沙江，指长江上游从青海省玉树县到四川省宜宾市这一段。

④云崖：高耸入云的山崖。

⑤大渡：即大渡河，位于四川省中西部。

⑥岷（mín）山：位于四川、甘肃两省交界处。

⑦三军：这里指红军队伍。

红军不怕长征路上的一切艰难困苦，把千山万水都看得极为平常。绵延不断的五岭，在红军看来只不过是微波细浪在起伏；而气势雄伟的乌蒙山，在红军的脚下也不过是一颗泥丸。金沙江浊浪滔天，拍击着高耸入云的悬崖峭壁，溅起阵阵水雾，就像冒出的蒸气；大渡河险桥横架，晃动着凌空高悬的根根铁索，让人寒意阵阵。更加令人喜悦的是踏上千里积雪的岷山，红军翻越过去以后个个笑逐颜开。

我们来对这首诗的四联做更加细致的理解：

红军不怕远征难，万水千山只等闲。

--------------------------------------●

首联开门见山地赞美了红军不怕困难、勇敢顽强的革命精神，这是全篇的中心思想，也是全诗的艺术基调。"不怕"二字是全诗的诗眼。

五岭逶迤腾细浪，乌蒙磅礴走泥丸。

--------------------------------------●

绵延不断的五岭和气势雄伟的乌蒙山，在红军眼里却只是小小的"细浪""泥丸"。诗人运用夸张的修辞手法，表现了红军战士无所畏惧、乐观豪迈的革命精神。

金沙水拍云崖暖，大渡桥横铁索寒。

--------------------------------------●

"暖"暗示红军巧渡金沙江后的欢快心情，"寒"暗示红军飞夺泸定桥的惊心动魄。

更喜岷山千里雪，三军过后尽开颜。

--------------------------------------●

尾联的"更喜"和首联的"不怕"前后呼应，强化了主题，表现了红军战士无比喜悦的心情和革命乐观主义精神。

思维导图

这首诗生动形象地概括了红军长征的光辉战斗历程，热情洋溢地歌颂了中国工农红军不畏艰险、英勇顽强的革命英雄主义和革命乐观主义精神，充分显示了中国共产党领导的革命力量无比顽强的生命力和战斗力。

感悟远征难

诗中展示了红军在长征途中克服困难的五幅雄壮图画，你能一一概括吗？请用动词加地名的方式概括。

课堂小结 》

弘扬中华民族传统文化，引导未成年人慎终追远，缅怀革命先烈，珍惜幸福生活，增进爱国热情，增强对民族、国家的社会责任感和历史使命感。此次课程为学生们上了一堂生动、深刻的爱国主义教育课。大家纷纷表达了自己对先烈的敬佩、对祖国的热爱之情，并表示今后要以实际行动继承和发扬革命精神，努力向上！

画家与牧童

杨 迪

温
故
而
知
新

课程目标:

熟悉《画家与牧童》故事内容,懂得在生活中要勇于提出问题,敢于挑战权威也要有虚心学习的意识。

教学重点:

体会《画家与牧童》中所体现的优秀品质。

中国历史上有很多著名的画家,如郑板桥、齐白石、徐悲鸿、黄胄等。他们擅长的题材各有不同,郑板桥擅长画竹;齐白石擅长画虾;徐悲鸿擅长画马;黄胄擅长画驴。

同学们,你们喜欢画画吗?你们有喜欢的画家吗?

113

齐白石画作《虾》

徐悲鸿画作《马》

戴嵩

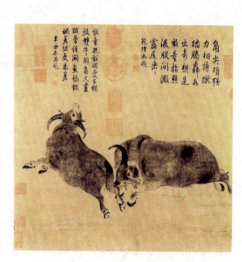

戴嵩，唐代画家。擅长田家、川原之景，画水牛尤为著名。

今天我们就来讲一个戴嵩和牧童的故事

唐朝有一位著名的画家叫戴嵩。他的画一挂出来就有许多人观赏。看画的人没有不点头称赞的，有钱的人还争着花大价钱购买。

传说有一次戴嵩的好朋友请他作画，画什么呢？戴嵩沉思片刻，决定画一幅《斗牛图》。他一会儿浓墨淡抹，一会儿轻笔细描，很快就画成了。

围观的人看了纷纷夸赞

"画得太像了，画得太像了，这真是绝妙之作！"一位商人称赞道。

"画活了，画活了，只有神笔才能画出这样的画！"一位教书先生赞扬道。

"画错了，画错了！"一个牧童挤进来喊着，这声音好像炸雷似的，大家一下都呆住了。

这时，戴嵩把牧童叫到面前，和蔼地说："小兄弟，我很愿意听到你的批评，请你说说什么地方画错啦？"

牧童指着画上的牛说："这牛尾巴画错了，两牛相斗的时候，全身的力气都用在角上，尾巴是夹在后腿中间的。您画的尾巴是翘起来的，那是牛用尾巴驱赶牛蝇的样子，您没见过两牛相斗的情形吧？"

戴嵩听了，感到非常惭愧。他连连拱手，说："多谢你的指教。"

同学们，牧童说的对吗？我们来看看两牛相斗时，尾巴到底是怎么样的。

原来两牛相斗时，尾巴真的是夹在后腿中间的。由此你觉得牧童身上有哪些品质值得我们学习呢？

牧童是个善于观察生活的人，他敢于指出别人的错误，是个非常勇敢、诚实的孩子。

通过这个故事，我们可以学到什么？

画家：

1. 敢于承认错误

2. 虚心接受

牧童：

1. 敢于提出意见

2. 实事求是

课堂小结 ≫

通过这则故事，我们学习到在生活中既要谦虚谨慎，善于听取别人的意见，也要敢于挑战权威，指出别人的错误。

中华文明
大讲堂

ZHONGHUAWENMING

DAJIANGTANG

家风家训——传承的力量

陈欣媛

课程目标：

1. 家风家训是代代相传沿袭下来的体现家族成员精神风貌、道德品质的传统、规范及习俗，更是上辈人对下辈人言传身教的道德准则和处世方法。

2. 家风家训是家庭的重要组成部分，对个人的教养、原则都有着重要的约束作用。

3. 中华民族自古就有"修身、齐家、治国、平天下"的安世之道。千百年来，中华优秀文化通过一代代家庭长辈的言传身教和家风传承，深入到每个中国人的血脉中。家风、家训作为传承中华文明的微观载体，以一种无言的教育，潜移默化、润物无声地影响着人们的心灵，对涵养社会主义核心价值观具有直接作用。

教学重点：

用一些身边每天发生的事情来告诉同学们如何养成文明礼貌、行为规范等良好习惯，学习了解中国古代公开出版的家风家训有120多种，《朱子家训》《章氏家训》《颜氏家训》《钱氏家训》等流传至今，它们是中华传统文化宝库的重要组成部分。学习中国历代一些著名人物，他们在各自的家族中都制定了极为严格的家法家规、家训家风内容。

家风

　　"家风"又称门风，指的是一个家庭或家族世代相传的风尚、生活作风，是整个家庭当中的风气。

　　家风是代代相传沿袭下来的体现家族成员精神风貌、道德品质的传统、规范及习俗，更是上辈人对下辈人言传身教的道德准则和处世方法。

勤奋
头悬梁锥刺股
孙敬—苏秦

孝顺
卧冰求鲤
王祥

友善
将相和
廉颇—蔺相如

家风典范

忍让
胯下之辱
韩信

舍得
鱼与熊掌不可兼得
孟子

诚信
一诺千金
季布

回家一进门，你会……　　见到长辈时，你会……

准备吃饭了，你会……　　吃的过程中，你会……

出门做客时，你会……　　在电影院里，你会……

在博物馆时，你会……

生活中的你是怎么做的？

家规

　　家规是祖上对家族成员的行为规范。一般是由一个家族所遗传下来的教育、规范后代子孙的准则，也叫家法，要求族人做任何事都要懂得讲规矩。

不许吧嗒嘴儿；不许叉着腿儿；

不许斜楞眼儿；不许捋袖管儿；

不许挽裤腿儿；不许搅菜碟儿；

不许筷插碗儿；不许抖落腿儿；

不许当众喧哗；不许说瞎话儿；

不许壶嘴对着人。

夹菜不过盘中线；不许吃饭咬着筷子；

吃菜不许满盘子乱挑，只能夹眼前的；

吃饭前要礼貌性地招呼长辈，长辈坐下说吃饭才能吃；

做客时，主人动筷子客人才能动；不许拿筷子、勺子敲碗；

不许反着手给人倒水或倒酒；吃饭不能出声；

倒茶不能倒满；站不倚门、话不高声；

回家、出门要跟长辈打招呼。

家训

家训是指家庭对子孙立身处世、持家治业的教诲。家训是家庭的重要组成部分，对个人的教养、原则都有着重要的约束作用。

课堂小结 »

家风与家训，是伴随一个国家、一个家族延承千年之久的道德行为准则，其本身就是一种极其宝贵的文化财富。对于当前的家族建设、国家思想文明发展都有着极大的参考意义，对于新时期的社会主义文明建设也有着极大的促进作用。

家风家训——持之以恒

卢 煜

课程目标:

    1.围绕"家风家训"的主题,让同学们了解持之以恒的含义。

    2.通过课程让同学们继承"知礼仪、重家风"的中华民族优秀传统,懂得坚守好的家风更需要持之以恒。

教学重点:

    对于"持之以恒"的具体理解以及在日常的学习生活中如何做到持之以恒。

124

chí zhī yǐ héng

持之以恒

持:坚持;恒:恒心。

意思是长久坚持下去。

近义词:锲而不舍

          孜孜不倦

反义词:一曝十寒

          半途而废

目标坚定

    知道自己的目标是什么,是持之以恒的第一步。强烈的动机可以使人超越诸多困境,让你不断地在困境中成长。

正确的知识

    认真仔细地观察生活,一点一滴地积累经验,制定明智正确的计划,才能更有效地坚持,加强毅力和恒心。

习 惯

    常说"习惯成自然",养成日复一日的良好习惯,战胜懒惰和畏惧,积极行动,方能达成目标。

孟母戒子

战国时期，儒家学派代表人物孟子（孟轲）小时候，母亲送他到学堂读书。刚开始，孟轲还懂得用功，后来渐渐学会偷懒、贪玩，不肯用功读书了。有一天，他竟然逃学回家。母亲此时正在家中织布，一看见他逃学回来，就拿起剪刀把织布机上织了一半的线剪断了。孟轲很惶恐地跪下，问母亲为什么要把线剪断。

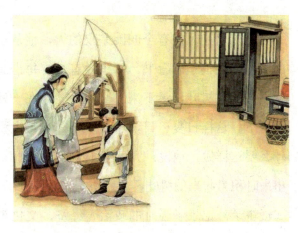

母亲责备他说："求学跟织布的道理是一样的，必须一丝丝不断积累才能织成有用的布料。如果中途把它剪断了，那就会前功尽弃，变成一堆废料。求学更是要不断地用功，最后才会有所成就。而你现在都偷懒逃学，不肯认真读书，这样自我堕落，何时成就学业？"孟轲听了母亲的这番话，非常惭愧，立刻向母亲认错，从此发奋求学。经过长年累月的不懈努力，终于成就了自己的道德学问。

铁杵磨针

李白小的时候非常贪玩，不用功读书。有一天，他到野外游玩，见到河边有位白发苍苍的老婆婆，手里拿着一根大铁棒，在石头上用力磨着。李白很奇怪，就上前问道："老婆婆，您这是在干什么呀？"

老婆婆一边磨铁棒，一边回答说："我想把它磨成一根绣花针。"

李白被老婆婆的行为所感动，向她深深行了个礼，回家发奋读书去了。最终学有所成，成了中国历史上著名的诗人。

持之以恒——陶宗仪

元末明初时，有个叫陶宗仪的人，他从小就坚持刻苦读书。即使在田地干活的间隙，他也不忘看书。田里没有纸，每当想起什么，看到什么，听到什么，他就立即摘取树叶记录下来，回家后储存在一种口小腹大的瓦罐里，等存满了就埋在树下。这样日复一日，年复一年，十年竟积攒下十几罐树叶。有人问陶宗仪为什么要这样做，他说："学习就应该持之以恒。"后来，他把瓦罐一个个打开，取出平时积累起来的树叶，重新进行整理、修改，最后写成长达30卷的《辍耕录》。《辍耕录》记录了当时的政治、经济、文化等各方面的风貌，成为后人研究那一时期历史的重要资料。

1. 陶宗仪是如何在下地干活的时候仍然坚持看书的呢？

2. 陶宗仪是如何把自己的读书心得和对生活的观察及时做记录的呢？

3. 陶宗仪坚持阅读和思考，那么你又有什么在坚持的事？或者你想从现在开始坚持什么事呢？

感悟

陶宗仪刻苦读书、持之以恒的故事告诉大家无论做什么事都要坚持。对于青少年来说，要珍惜当前良好的学习环境，挤出时间来学习，这样知识就会积少成多，聚沙成塔，个人的综合素质就会得到提高。一个人的文化知识水平高了，其认识水平、理解能力就会相应提高，看问题的视野才会开阔，学习技能才会得心应手。

1. 勤于思考

学而不思则罔。在学习过程中，如果不进行主动的思考，而仅仅是被动地接受知识，就不是一种有策略的学习，也不会取得良好的效果。要通过理解知识来掌握知识，而不要死记硬背，要举一反三、触类旁通。

2. 敢于质疑

小疑则小进，大疑则大进。如果对知识只是不加分析地接受，就不会有任何进步。因此，要善于思考，鼓励自己提出质疑，而不要做"思想的懒汉""接受知识的机器"。

3. 勇于发问

学问，学而问之，学习本身是离不开发问的。好奇是一种可贵的品质。孔子说"敏而好学，不耻下问"，向不如自己的人请教都不是羞耻的事情，更何况是向老师请教呢？并且，老师的职责就是传道、授业、解惑。所以，当你有不懂的地方，勇敢地举起你的手！否则，日积月累问题就会越来越多、越来越严重，修补起来会更困难。

4. 善于练习

学习是离不开练习的。俗话说"拳不离手、曲不离口"，强调的就是练习的重要性。如果以为能听懂老师讲的知识就足够，那就大错特错了。没有经过练习的知识是不会牢固的。在必要的时候，还应该进行强化训练，以增强熟练运用知识的能力。

若有恒，何必三更眠五更起；最无益，莫过一日曝十日寒。

——明·胡居仁

无论做什么事贵在持之以恒，如果能坚持的话，也不需要每天都起早贪黑、忙忙碌碌，只要能持之以恒，也能有很大的收获。但最忌讳的就是三天打鱼、两天晒网这种情况，无论多费心血，终究还是一事无成。

每个人都渴望成功，在人生的长河中，我们只有不断丰富自己，乘着知识的小舟，竖起持之以恒的风帆，才能不被风平浪静而搁浅，不被波涛汹涌而颠覆。让我们持之以恒，扬起人生的风帆，冲向理想的彼岸。

课堂小结 》

本课以"传家训、立家规、扬家风"为主题，结合经典事例、警句名言，围绕传承好家风、好家训这一主题，引导同学们了解持之以恒的品质，传承优良家风。

家风家训——尊师重道

刘 婷

课程目标：

1. 了解"尊师重道"是中华传统美德，并能在生活中践行。
2. 了解古代"开学典礼"各个环节代表的意义。
3. 熟记"程门立雪"和"曾子避席"的故事典籍。

教学重点：

本次课程的重点是通过两个尊师重道的故事和意义丰富的开学典礼，让孩子从小树立爱学校、爱老师、爱同学、爱学习的正确价值观。

有人说：父母之爱，让我们感受到养育的艰辛；朋友之爱，让我们体会到互助的温暖。在这里我要说：恩师之爱，让我们享受到不求回报、无私关爱的博大！老师是我们成长道路上的第一个人生榜样。

今天就让我们走进传统文化，走进古代课堂，看看古代学子都是怎么做的，又有哪些精彩故事。

程门立雪

远在北宋时期，福建将东县有个叫杨时的进士，他特别喜好钻研学问，到处尊师访友。曾就学于洛阳著名学者程颢门下。程颢离世前，又将杨时推荐到其弟程颐门下，在洛阳伊川所建的伊川书院中求学。那时杨时已经四十多岁，学问也相当高，但他仍谦虚谨慎，不骄不躁，尊师敬友，深得程颐的喜爱，被程颐视为得意门生，得其真传。有一次杨时到老师家请教学问，却不巧赶上老师正在屋中打盹儿，杨时便静立于门口，等老师醒来。一会儿，天空飘起鹅毛大雪，越下越急，直到程颐一觉醒来，才赫然发现门外的杨时，他就像个雪人一般。程颐深受感动，从此更加尽心尽力教导杨时，杨时不负众望，终于学到了老师的全部学问。之后，杨时回到南方传播程氏理学，且独成一派，世称"龟山先生"。后人便用"程门立雪"这个典故，来赞扬那些求学师门，诚心专志，尊师重道的学子。

曾子避席

有一次，曾子在孔子身边侍坐，孔子就问他："以前的圣贤之王有至高无上的德行，精要奥妙的理论，用来教导天下之人，人们就能和睦相处，君王和臣下之间也没有不满，你知道它们是什么吗？"曾子听了，明白老师孔子是要指点他最深刻的道理，于是立刻从坐着的席子上站起来，走到席子外面，恭恭敬敬地说道："我不够聪明，哪里能知道？还请老师把这些道理教给我。"

一个细节的动作，表现出的是曾子的礼貌和涵养，也让我们深刻地体会到了他对老师的尊重；同时曾子懂礼貌的故事也被后人传颂，竞相学习。

尊师重道的名言

臣闻明王圣主，莫不尊师贵道。

一日为师，终身为父。

国将兴，必贵师而重傅。

人有三尊，君父师是也。

古代入学礼仪

古代，如果要学习相关的知识，就要注意礼貌。所以古代人要学学问，首先要拜师，而拜师就有很多的规矩与礼仪，我们一起来了解一下。

释奠礼

所谓释奠，即陈设酒食用以祭奠先师先圣。"凡学，春，官释奠于其先师，秋冬亦如之。凡始立学者，必释奠于先师先圣。"（《礼记·文王世子》）

"释奠礼"原本是古代学校的祭祀典礼，属于"三礼"中的"君师"之礼，从酒食祭祀先师先圣的礼仪。释奠礼既是学校的一项典礼，实则也是学校的一项经常性的制度，而先师先圣，历代人选有所不同。汉魏之时通常是以周公为先圣，孔子为先师，唐代则确定以孔子为先圣，颜回为先师。

束脩与释菜礼

束脩礼，是古代学生与教师初次见面时的一种礼节，也就是拜师之礼。束脩为十条干肉，是古时君臣、亲友之间相互馈赠的礼物。古人重教，绝不仅仅局限于束脩礼，学生、家庭乃至全社会都以尊师为荣。这项礼仪备受重视，成了一项固定的制度。

释菜礼，又作"舍采""择菜"，这也是古时读书人在入学时所行的一种典礼。其仪式与释奠礼相同，只是不杀牲供奉，所以古人说是"礼之轻者"，但"礼轻情意重"。

视学礼

视学，是指皇帝或皇太子视察学校，也是学校的礼仪制度之一。

古代帝王视察学校有一套严格的制度，这早在西周时期就已形成。视学礼规模宏大，礼仪隆重，表现出统治者对学校、对儒家学说的重视和对先师先圣的敬重之意。这一礼仪在中国历史上一直为历代所沿袭，成为各朝代一项重要的制度。

正衣冠   行拜师礼

古代重要的入学礼仪是哪三项？

古代开学典礼的四项基本内容是什么？

请列举三项尊重老师的小事。

　　亲爱的同学们，师恩难忘，我们要把最佳的表现献给老师，以优异的成绩向辛勤教育我们的老师表示最崇高和最衷心的感谢！拿起你们手中的纸笔，把心里话说给老师听，让我们的爱从笔尖流淌出来，大声地向老师说一声："老师，您辛苦了，我们爱您！"

课堂小结 》

　　本课通过导入成语故事了解古代入学礼仪和开学典礼，以及知识竞答和手工制作等活动环节，让学生们充分了解古代人们是如何尊重老师的，以及尊师重道的意义，熏陶和感染学生们热爱老师的良好学习氛围。在最后的环节，学生们制作手工花朵，纷纷表示以后要尊重老师，热爱学习，此次课程达到了良好的学习效果。

家风家训——坐姿礼仪

杨　迪

课程目标:

　　1. 通过本节课让学生掌握"坐"字的由来，以及不同时期有哪些不同的坐姿礼仪。

　　2. 让学生学会正确的坐姿，并学会在不同场合使用不同的坐姿。

　　3. 让学生了解坐姿礼仪对于个人修养的影响。

教学重点:

　　不同时期的坐姿礼仪有什么要求。

"坐"的由来

　　"坐"字是怎么写的呢？我们观察小篆的"坐"字，会发现"坐"字像两个人对坐在土地上。

　　那为什么是坐在土地上呢？因为在椅子发明之前，古人席地而坐，坐下时双膝着地，臀部压在脚跟上，这样的坐姿又称跪坐、正坐、安坐、端坐，就跟"坐"字非常相似了。

木六博俑　汉代　甘肃省博物馆藏

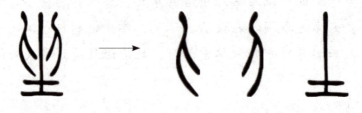

泛指以臀部着物而止息	置身于交通工具，搭、乘	因为，由于（介词）	往下垂，往下压
坐等 坐视 坐禅 席地而坐	坐车 坐船	停车坐爱枫林晚	后坐力 坐瓜 坐果

汉字"坐"的释义

古代坐姿礼仪

趺（fū）坐

双足交叠，盘腿而坐，类似佛教修禅者的坐姿，所以又叫跏趺坐。

箕踞（jī jù）

双腿前伸，全身像簸箕状。

趺坐佛像

箕踞是一种随意、傲慢不敬的坐法，常被视为一种无礼的行为。在《韩诗外传》中有一则故事，说孟子的妻子独自踞坐在家，被刚回家的孟子看到，孟子很生气，告诉母亲说："我的妻子太无礼了，把她赶回娘家去吧。"孟母问清缘由后反而斥责孟子无礼，她说："你进门前，应当询问是否有人在；进入客厅前应当提

踞坐

高声音，让屋里的人知道有人来了；入户后，眼神应当下视。"孟子听后非常自责，便不再提赶妻子回家的事。由此可见，箕踞是一种非常不礼貌的坐姿，也说明古人对坐姿礼仪的重视。

跽（jì）

跽坐

长跪。双膝着地，上身挺直，在安坐的基础上，把臀部抬起，两膝仍然在席上，称为"跽"，又叫长跽危坐，是与安坐相对的概念。秦汉时期，跽坐使用的场合一般是表示敬意或应对突发状况。

椅子的出现

西晋时期，一种简易的折叠椅胡床传入中国。到隋炀帝时，改胡床为交床，但是交床只能坐，不能倚靠。到了宋代，人们给胡床添置了靠背和扶手，交椅便应运而生。

椅子的演变

现代坐姿礼仪

小学生的坐姿标准：头正、肩平、身正、立腰挺胸，大腿放平，小腿垂直，两脚自然平放在地上。

正确的坐姿

甘肃省博物馆讲解员正确坐姿展示

不正确的坐姿

错误的坐姿对身体发育会产生不良影响，长期会导致骨骼变形，造成驼背、两肩不齐，对视力也有很大的影响。

在生活中，我们也经常能看到不正确、不礼貌的坐姿。

课堂小结 »

通过一节课的学习使学生掌握正确的坐姿，并学会在不同场合运用不同的坐姿，了解坐姿礼仪对个人修养的重要影响。

中华传统美德——感恩之心

范 馨

开讲啦——甘博文物小课堂

138

课程目标:

1.重温父母厚爱,渗透传统美德教育,使学生学会感恩,培养其责任感。

2.让学生了解尊重他人、珍惜粮食的具体内涵,懂得这种品德是青少年的重要思想素质。

3.培养关爱他人和孝敬父母的感情,激发崇尚关爱、尊敬长辈的精神,怀揣一颗感恩的心。

教学重点:

了解父母为自己付出的艰辛,懂得感激和报答父母的养育之恩是自己的职责,并学会结合日常实际生活,为关爱和孝敬父母做力所能及的事情。暖不忘寒、饮水思源,懂得感恩人生、感恩生活。

关于感恩的名言

谁知盘中餐,粒粒皆辛苦。

吃水不忘挖井人。

一日为师,终身为父。

谁言寸草心,报得三春晖。

滴水之恩,当涌泉相报。

接下来让我们一起学习这几首诗吧。

悯农（一）

［唐］李绅

春种一粒粟，秋收万颗子；
四海无闲田，农夫犹饿死。

译文：

春天播种下一粒种子，到了秋天就可以收获很多的粮食。

天下没有一块不被耕作的田，可仍然有种田的农夫饿死。

悯农（二）

［唐］李绅

锄禾日当午，汗滴禾下土；
谁知盘中餐，粒粒皆辛苦。

译文：

农民在正午烈日的暴晒下锄禾，汗水从身上滴在禾苗生长的土地上。

又有谁知道盘中的饭食，每颗每粒都是农民用辛勤的劳动换来的呢？

游子吟

［唐］孟郊

慈母手中线，游子身上衣；
临行密密缝，意恐迟迟归；
谁言寸草心，报得三春晖。

译文：

慈母用手中的针线，为远行的儿子赶制身上的衣衫。

临行前一针针密密地缝缀，怕的是儿子回来得晚衣服破损。

有谁敢说，子女像小草那样微弱的孝心，能够报答得了像春晖普泽的慈母恩情呢？

学会感恩，在困境中帮助我们的人，是谁给予了你全部的爱，生活中有哪些无私奉献的人？

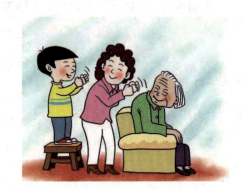

课堂小结 »

　　希望大家通过本节班会课后懂得，在我们人生的道路上，会有许许多多不能割舍的人，他们就是我们的父母、孩子、爱人、兄弟姐妹、朋友、同学、同事……小时候，我们离不开父母无私的抚育和教导、长辈悉心的关心和爱护、哥哥姐姐温暖的爱护和照顾；上学后，我们离不开老师的谆谆教诲、朋友的热情帮助、同学的真诚相待；走上社会后，我们离不开爱人的体贴和照顾、同事热心的鼓励与帮助、领导精心的重视和培养；再后来，我们离不开我们寄予全部希望的孩子、我们孩子的爱人、我们孩子的孩子。我们要学会感恩，感谢曾经无私地养育过我们的父母，感谢曾经悉心地教导过我们的老师，感谢曾经真诚地帮助过我们的朋友，感谢给我们生命带来希望与快乐的孩子。

中华传统美德——诚信少年中国梦

卢 煜

课程目标:

1. 通过本课学习,使同学们知道诚信是中华优秀传统美德,知道诚信是人与人交往中的可贵品质,体会诚信在人际交往中的重要性,愿意做一个讲诚信的人。

2. 在讨论、交流的过程,使每个同学都能养成诚信的好习惯,知道与人交往中怎样做才是诚信的具体表现。

教学重点:

体会诚信在人际交往中的重要性,知道人际交往中诚信行为的具体表现。

小故事时间

从前,有三个形影不离的小伙伴,它们分别是快乐、竞争、诚信。后来,它们之间发生了矛盾,就分道扬镳了。

诚信漂啊漂啊,漂到一个孤零零的小岛上。突然,他看见远处有一只小船向这边驶来,上面写着"快乐"二字。诚信忙喊道:"快乐,你拉我回岸可以吗?"快乐一听,忙说:"不行,我一有了诚信就不快乐了,有多少人都因为说实话而不快乐。"说罢,快乐走了。接着"竞争"又乘着小船来了,诚信喊道:"竞争,我能不能搭你的小船?"竞争头也不回,忙说:"如今竞争这么激烈,我们怎么敢要你诚信呢?"说罢,扬长而去。

正当诚信近乎绝望的时候,一个慈祥的声音传来:"孩子,上船吧!我是时间老人。只有时间才知道诚信有多么重要!" 在回去的路上,时间老人指着因翻船而落水的快乐、竞争,意味深长地说道:"没有诚信,快乐不长久,竞争也是失败的。诚信是一切之源,诚信是灵魂之根!"

漫画赏析

讨论　　你愿意和林冬做朋友吗？为什么？

不愿意。因为林冬言而无信，失信于人，说谎不诚实。

什么是诚信？

诚：诚实无欺　诚实做人　诚实做事　实事求是

信：有信用　讲信用　守信义　不虚假

诚信故事

国王的牡丹花

从前有一个国王没有儿子，打算从民间遴选一个小孩做王子，于是给候选者每人一棵牡丹花种，看谁种的花最漂亮、花朵最多谁就是王子。到了评比的时候，几乎所有的小孩都捧着鲜艳漂亮的牡丹花相互争奇斗艳，只有一个小孩捧着那棵种子伤心落泪，他没有种出花来。但是，恰恰他被选中了。原来，之前所有的花种都煮熟了，是不可能成活的，国王用此来试验继任者的品质。

 国王的决定表明了什么？

国王想以此来试验继承者的品质，恰恰只有一个没有种出花的小孩子被选中了，因为花种煮熟了无法发芽。小朋友知道这是为什么？就是人与人之间的诚信问题，做人最基本就是诚信，那个小孩因为拥有讲诚信的好品质才会被国王看中，所以小朋友们一定要讲诚信二字。

 这个故事对你有什么启发？

诚信是做人做事的根本，只有诚实守信，才能赢得别人的尊重和信任。

晏殊信誉的树立

北宋词人晏殊，为人非常诚实。在他十四岁时，有人把他作为神童举荐给皇帝。皇帝召见了他，并要他与一千多名进士同时参加考试。结果晏殊发现试题是自己十天前刚练习过的，就如实向皇帝报告，并请求改换其他题目。宋真宗非常赞赏晏殊的诚实品质，便赐给他官职。晏殊当职时，正值天下太平。于是，京城的大小官员便经常到郊外游玩或在城内的酒楼茶馆举行各种宴会。晏殊家贫，无钱出去吃喝玩乐，只好在家里读写文章。有一天，真宗提升晏殊为辅佐太子读书的东宫官。大臣们很惊讶，不明白真宗为何做出这样的决定。真宗说："近来群臣经常游玩饮宴，只有晏殊闭门读书，如此自重谨慎，正是东宫官合适的人选。"晏殊谢恩后说："我其实也是个喜欢游玩饮宴的人，只是家贫而已。若我有钱，也早就参与宴游了。"这两件事，使晏殊在群臣面前树立起了信誉，而宋真宗也更加信任他了。

成语故事

『一言九鼎』

战国时，秦国的军队团团包围了赵国的都城邯郸，形势十分危急，赵国国君成王派平原君到楚国去求援。平原君打算带领20名门客前去完成这项使命，已挑了19名，尚少一个定不下来。这时，毛遂自告奋勇提出要去，平原君半信半疑，勉强带着他一起前往楚国。

平原君到楚国后，立即与楚王谈及"援赵"之事，谈了半天也毫无结果。这时，毛遂对楚王说："我们今天来请您派援兵，你一言不发，可您别忘了，楚国虽然兵多地大，却连连吃败仗，连国都也丢掉了，依我看，楚国比赵国更需要联合起来抗秦呀！"毛遂的一席话说得楚王口服心服，立即答应出兵援赵。

平原君回到赵国后感慨地说："毛先生一至楚，而使赵重于九鼎大吕。"

yi nuo qian jin
一诺千金

秦末有个叫季布的人，一向说话算数，信誉非常高，许多人都同他建立起了深厚的友情。后来，他得罪了汉高祖刘邦，被悬赏捉拿。结果他旧日的朋友不仅不被重金所惑，而且冒着灭九族的危险来保护他，终于使他免遭祸殃。一个人诚实有信，自然能获得大家的尊重和友谊。

得黄金百斤，不如得季布一诺。

九鼎，古代国家的宝器，是王权至高无上、国家统一昌盛的象征，相传为夏禹所铸。一句话抵得上九鼎重，比喻说话分量重，能起很大作用。

一诺千金，许下的一个诺言有千金的价值。比喻自己说过的话、答应别人的事情，就如同千金般贵重。通俗一点的理解为：一个人说话要算话，不能出尔反尔。

诚信的表现

对自己：待人处事真诚、老实；

对他人：讲信誉，言必行、行必果；

对社会：反对隐瞒欺诈、反对伪劣假冒、反对弄虚作假。

诚信名言

感知诚信

诚信是做人的根本，诚信是中华民族的传统美德。一个人，只有诚实守信，才能赢得他人的尊重和信任，才能立足于社会，才能取得成功。作为民族的希望和未来，要从我做起，从小就做一个诚实守信的人。

● 人而无信，不知其可也。

——孔子

● 诚实是人生永远最美好的品格。　——高尔基

● 诚信为人之本。　——鲁迅

● 诚信者，天下之结也。

——墨子

为家长或好朋友制作诚信书签。

我们的誓言

待人诚信　不虚伪

信守诺言　不失约

遵守校规　不违纪

作业独立　不抄袭

考试认真　不作弊

知错就改　不重犯

分享你身边的诚信小故事！

课堂小结 ≫

通过讲述古今中外的诚信故事，以此总结出诚实守信的重要性以及意义，让同学们学会在日常的学习生活中如何做到诚实守信。

小小讲解员

徐子钦

课程目标:

通过博物馆认识历史、感知文化，以博物馆深厚的文物资源和甘肃悠久的历史文化资源为依托，让同学们了解讲解工作，在快乐中了解文物，感受历史，引领孩子们陶冶心智、愉悦性情，并学会对课程知识的讲解。

教学重点:

让同学们了解甘博的历史，学会讲解，喜爱讲解，也通过讲述文物背后的故事，培养孩子保护文物的意识，增强民族自豪感和责任感。

同学们，你们知道为什么要进行形体训练吗?

良好的形体姿势对于生活、学习都有很大的帮助，在你与人接触的第一次，你的一举一动就已进入对方的视线，也是无形的自我名片。体态是指身体的姿势，包括我们平常所说的站姿、坐姿、走姿以及手势等。想要成为一名合格的讲解员，首先要有良好的形体姿势。

正确的站姿

正确的基本站姿，首先应该是身体的各个部位都是放松的，而不是僵直的，但要注意这里的放松不是松懈的，而是积极的放松状态。

头部——自然摆正，眼睛平视前方，不左偏不右偏，也不仰头或低头，不要俯视也不要仰视。

肩部——自然下垂，不要耸肩也不要故意压肩，应该是放松的，可以自由活动。

胸部——自然舒展，不要使劲故意地去挺胸，也不要过于含胸，只是微微有点含胸。

腰部和背部——背部要挺直，绝不能驼背。腰部要立起来，不要松松塌塌的，这样会给人很没精神的感觉。

正确的坐姿

正确的坐姿和站姿一样，也是日常很常用的一种姿态。与站姿不同的是，站姿是将重心落在脚上，而坐姿是将重心落在臀部。头部、肩部、胸部、腰背部跟站姿都是一样的要求，但坐姿也有它要注意的问题。

手臂——自然平放在桌上，不要光用手臂的力量来支撑身体。支撑我们身体的还是腰背部，否则会造成耸肩，使头颈后缩，给人一种紧张拘束、畏畏缩缩没自信的感觉。

臀部——应该坐在椅子的三分之一处，不要坐满臀。否则容易使背部挺不直，腰立不起来，使不上劲儿，而重心落在臀部上，给人很稳的感觉。

正确的走姿

优美自信的走姿，是平稳轻盈的，一定不能拖拖沓沓，让人觉得你没精打采，表现不出良好的精神面貌。行走中，对头部、肩部、胸部、腰背部的基本要求，也是与站姿、坐姿一致的。

双臂——以肩关节为轴，上臂带动下臂协调地前后摆动，不要随意地甩手臂，或者在身体前部摆动。这样显得不雅观、随便。

双腿——膝盖正对前方。以胯带动膝关节再带动小腿向前迈进，向前迈的腿的重心应该落在脚后跟儿，不要用前脚掌着地。另外，后面的腿的膝关节内侧应该是伸展的，这样可以使后面的脚跟自然带起，显得干净利落。

腰部——我们提倡用腰部走路。也就是说，重心的移动以腰部为轴，用腰部的力量来带动腿部向前迈进。

脚尖朝向行进方向，身体挺直把脚跨出，就可以用正确的姿势走路。

正确的走路方式

恰当的手势

手势也是一种辅助表达的手段，可以用来帮助我们传递信息，增进交流。在手势的运用中，一定要注意与内容紧密结合起来，以及手势本身的自然舒展、明确简练，否则就会显得多余，还会影响有声语言信息传递的效果。

放松——有的学生在初次讲解时显得很做作、僵硬，这可能是由于紧张或

甘肃省博物馆小志愿者考核

者身体的习惯性僵直造成的。僵硬的手势会让人觉得很拘谨，没有交流感，反而暴露出自己不太沉稳、缺乏自信的心理状态。相应地，如果手势表现不自然、不舒展，还会加重自己的紧张心理。所以，首先要在放松

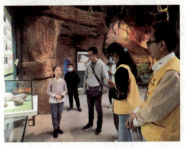

甘肃省博物馆小志愿者考核

的状态下用手势来辅助语言的表达，这样才会起到积极的作用。

　　简洁、恰当——有的学生手势特别多、特别杂，可以说有点儿手舞足蹈了。这由于多种原因造成，有的人紧张忘词，就不停用手势来帮助回忆或者是掩饰；也有的人平时说话就用手势比较多，成了习惯，所以上了台，还是习惯性地使用过多的手势来配合语言表达；有的根本不知道该用什么手势来表达，所以一上舞台想到用手势的时候就犹犹豫豫，不知道该选择什么样的手势，畏畏缩缩，显得不干净利落。

课堂小结 »

　　通过这堂课，让孩子们爱上讲解，学会正确讲述文物知识，学会讲解礼仪，培养孩子们的语言表达能力。同时让孩子们在快乐中了解文物、感受历史，引领孩子们陶冶心智、愉悦性情。

后记
POSTSCRIPT

2013年以来，甘肃省博物馆社会教育部的年轻人们充分利用各自所学所长，发挥各自的优势，在了解馆藏和展览的同时，积极探索适龄教育、设计适龄课程，在大家的共同努力下，我们顺利完成了此书的编撰、校对、出版等工作。

在本书付梓之际，我要衷心感谢馆领导的大力支持、帮助和指导；感谢研究部李永平、茹实老师和历史部王勇、刘志华老师对内容的严格把关；感谢社会教育部刘婷、张丽娜、王岚、赵薇、王彬洁、徐子钦、王雪麟、范馨、杨迪、徐静、陶怡宇、陈欣媛、崔寅丽、卢煜、党雄伟、赵兴浩等参与课程设计的讲解员所付出的辛勤劳动！

编　著

2021年10月13日